Manfred Mohr

DEINE ZAHLEN

ZAHLEN

Deine Sterne

… sich selbst erkennen –
andere verstehen

Omega

Omega-Verlag ist ein Imprint des Verlages »Die Silberschnur« GmbH
Copyright © 2019 Verlag »Die Silberschnur« GmbH

ISBN: 978-3-89845-617-3

1. Auflage 2019

Gestaltung & Satz: XPresentation, Güllesheim
Umschlaggestaltung: XPresentation, Güllesheim; unter Verwendung verschiedener Motive von © Anastasiia Kucherenko, www.shutterstock.com
Druck: CPI Moravia Books s.r.o.

Verlag »Die Silberschnur« GmbH · Steinstr. 1 · 56593 Güllesheim
www.silberschnur.de · E-Mail: info@silberschnur.de

INHALT

EINLEITUNG

Dieses Buch ist aus meinem Bedürfnis entstanden, mich selbst und die Menschen um mich herum besser verstehen zu lernen.

Im Laufe der Zeit habe ich dabei einige Methoden entdeckt und erlernt, mit deren Hilfe sehr einfache Einblicke in die Persönlichkeit eines Menschen gelingen. Die bekanntesten davon sind wohl die Astrologie und die Numerologie – beide jedoch mit dem Handicap, sehr aufwendig und kaum ohne die Mitwirkung eines Computers anwendbar zu sein.

Mir war dies alles viel zu kompliziert. Eher aus der Not heraus, etwa wenn ich auf Seminaren den Teilnehmern etwas zu ihrer Lebenszahl sagen wollte, entwickelte ich ein eigenes System, das ich hier erstmals der Öffentlichkeit vorstelle. Meine Erfahrung dabei ist immer wieder: Die Menschen fühlen sich gesehen, wenn ihnen in dieser Weise Einblicke geschenkt werden, wo ihre Lebensthemen sind und welche Stärken und Schattenseiten sie aufweisen. Alles, was dazu benötigt wird, ist das Geburtsdatum, und dieses hat ja jeder netterweise immer im Kopf. Mittlerweile besitze ich mehr als 20 Jahre Erfahrung in dieser Technik und konnte sie mit vielen hundert Menschen praktisch ausprobieren und dabei verfeinern.

Im ersten Ansatz geht mein System davon aus, dass alle Menschen offensichtlich verschieden sind und sich ihre wesentlichsten Unterschiede sehr leicht durch die Kenntnis ihres Geburtsdatums herausarbeiten lassen. Zum einen entscheidet es über das Sternzeichen, zum anderen lässt sich die Lebenszahl daraus recht einfach errechnen.

Außerdem zeigen gleiche Sternzeichen häufig sehr ähnliche Verhaltensweisen, genauso wie es auch gleiche Lebenszahlen tun. Darauf beruhen sowohl Astrologie als auch Numerologie in ihrer jahrtausendealten Menschenkunde. In »Deine Zahlen – deine Sterne« stelle ich hier ein neues System vor, das beide Betrachtungsweisen des menschlichen Verhaltens vorteilhaft zusammenführt. Durch Kenntnis von Sternzeichen wie auch der Lebenszahl kann ein Verhaltenstyp herausgearbeitet werden, der mehr Aussagekraft besitzt als nur eine der beiden Sichtweisen/Methoden alleine.

Dazu gleich ein Wort vorweg: Vermeiden möchte ich dabei ganz besonders, den Eindruck zu erwecken, dass ein Mensch in seinem Verhalten durch das Geburtsdatum unabänderlich definiert und sein Leben lang festgelegt ist. Nein, ganz im Gegenteil. Dieses System ist nicht statisch, sondern eher als fließend zu verstehen. Jeder Mensch verfügt über bestimmte Potenziale und Fähigkeiten, ebenso haben wir alle unsere Fehler und Schwächen. Sternzeichen und Lebenszahlen können daher in einer gewissen Spannweite im Licht oder im Schatten gelebt werden, abhängig nur davon, wie bewusst ein Mensch sich dieser bestimmten Fähigkeiten wird.

Außerdem ist es mir wichtig, die Verhaltensweisen der Typen nicht zu ernst zu nehmen. Ich habe sie darum eher so überzeichnet, dass sie belächelt werden können. Es wäre schön, wenn dir als Leser beim Studium der einzelnen Typen häufig ein Lächeln um den Mund spielt, ob der manchmal schon grotesk anmutenden Verhaltensweisen der einzelnen Charaktere. Gern darf über die Eigenschaften anderer geschmunzelt werden, besser aber sogar noch über die eigenen kleinen Unzulänglichkeiten. Über dem Ganzen steht die Liebe zu uns selbst und die Fähigkeit, uns so anzunehmen, wie wir nun einmal sind. Dort, wo ich über mich und andere lachen kann, ist die Tür zur Akzeptanz meiner eigenen Macken und Fehler sperrangelweit geöffnet.

Als Beispiel für solche Übertreibungen hier zur Einstimmung gleich ein erster Ansatz. Stell dir vor, es ist Sommer, und die Sternzeichen fahren nach Italien in den wohlverdienten Sommerurlaub. Wie verhält sich so ein Sternzeichen nun typischerweise am Strand? Listen wir sie doch einmal der Reihe nach auf:

★ Der Widder fängt einen Streit mit seinem Strandnachbarn an, weil der ihm in der Sonne steht.

★ Dabei isst der Stier seine dritte Portion vom selbstgemachten Kartoffelsalat mit Ei.

★ Der Zwilling redet lautstark am Handy mit seiner besten Freundin, und der ganze Strand darf mithören.

★ Der Krebs späht überall am Strand nach der Liebe dieses Sommers.

★ Der Löwe spielt mit einem Ball, zeigt dabei seinen gut gebauten Körper und heischt nach Bewunderung.

★ Nebenan legt die Jungfrau sicherheitshalber die fünfte Schicht Sonnencreme auf.

★ Die Waage widmet sich intensiv dem Bräunungsvorgang und ist vollauf damit beschäftigt, schön zu sein.

★ Der Skorpion sucht fieberhaft nach einer Möglichkeit, irgendwo Sex zu haben, aber leider sind einfach zu viele Leute hier.

★ Der Schütze schwimmt ganz allein aufs Meer hinaus, so weit, dass niemand ihn mehr sehen kann.

★ Der Steinbock hat seinen Metalldetektor dabei, um Münzen am Strand zu suchen.

★ Der Wassermann trägt sehr exzentrische Badebekleidung und sammelt eifrig Unterschriften für eine von ihm gegründete Bürgerbewegung.

★ Der Fisch ist ein wenig eingeschlummert und träumt davon, mal wieder ganz woanders zu sein.

In diesem Sinne soll das Ziel dieses Buches die humorvolle Selbsterkenntnis und die entspannte Akzeptanz der eigenen Stärken und Schwächen sein – dicht gefolgt von der wachsenden Fähigkeit, meine Mitmenschen wie mich selbst immer mehr mit einem Augenzwinkern so nehmen zu können, wie sie nun einmal sind. Dieses Buch möchte dazu einladen, im praktischen Feldversuch die einzelnen Charaktertypen im näheren Umfeld zu sondieren, um auf diese Art besser und liebevoller mit ihnen umgehen zu können.

Um die Methode »Deine Zahlen – deine Sterne« zu entwickeln, habe ich eine ganze Weile einfach gesucht und herumprobiert. Ich wünsche dir bei der Anwendung, ebenso wie ich immer wieder mit kleinen Geistesblitzen beschenkt zu werden, in der Art: »Aha, diese Kollegin hat die Lebenszahl 6, die ist immer so, nicht nur bei mir!« Wenn ich mehr über die Charaktertypen weiß, kenne ich ihre Stärken und Schwächen, nehme nicht mehr alles nur persönlich und mache mir mein Leben damit sehr viel leichter. Das gilt unter Kollegen ebenso wie unter Freunden und Bekannten.

Im Grunde spielen wir alle doch nur eine bestimmte Rolle in unserem persönlichen Theaterstück, das Leben heißt. In gewisser Weise stehen wir alle immer nur auf einer Bühne und handeln nach einem unbewussten Drehbuch, das bei unserer Geburt bereits geschrieben ist. Wie wir diese Rolle aber interpretieren und auf die Bretter bringen, die tatsächlich die Welt bedeuten, liegt alleine an uns. Wir tun es umso besser und freudvoller, wenn wir die Regieanweisungen kennen, die in unseren Zahlen und Sternen geschrieben stehen.

Schließen möchte ich diese kurze Einleitung nun mit einem zweiten Beispiel zur Astrologie. Überlege einmal, welche Rolle würdest du wohl im Kasperle-Theater übernehmen? Vielleicht hat schon das etwas mit deinem

Sternzeichen zu tun? (Bevor du weiterliest, schenk dir einen Moment, um darüber nachzudenken …)

Kleine Analogie

Astrologie im Kasperle-Theater: Wer spielt welche Rolle?[1]

Hier die Besetzungsliste:

Der Widder:	Krokodil oder Räuber
Der Stier:	Gretel oder Mariechen
Der Zwilling:	Briefträger
Der Krebs:	Großmutter oder Königin
Der Löwe:	König
Die Jungfrau:	Seppl (Freund vom Kasperle)
Die Waage:	Prinzessin
Der Skorpion:	Teufel, Hexe oder Zauberer
Der Schütze:	Bischof oder Pfarrer
Der Steinbock:	Polizist oder Schutzmann
Der Wassermann:	Kasperle oder Narr
Der Fisch:	Geist oder Tünnes

Ich wünsche dir weiterhin viel Spaß beim Entdecken und Erkennen!

In Verbundenheit

Manfred Mohr

---

1) Siehe Literaturhinweis, Seite 245.

KLEINE KURZANLEITUNG
ZUM LESEN DIESES BUCHES

Um herauszufinden, welcher der 108 Charaktertypen du selbst bist (oder die Menschen deiner Umgebung sind), brauchst du nur das Geburtsdatum. Dann gehst du wie folgt vor:

1. Bestimme das Sternzeichen, das bei diesem Geburtstag vorliegt. Oft weißt du das schon, sonst verwende diese Tabelle hier:

Widder	21.3.	bis	20.4.
Stier	21.4.	bis	20.5.
Zwilling	21.5.	bis	21.6.
Krebs	22.6.	bis	22.7.
Löwe	23.7.	bis	23.8.
Jungfrau	24.8.	bis	23.9.
Waage	24.9.	bis	23.10.
Skorpion	24.10.	bis	22.11.
Schütze	23.11.	bis	21.12.

Steinbock	22.12.	bis 20.1.
Wassermann	21.1.	bis 19.2.
Fische	20.2.	bis 20.3.

3. Nun brauchst du außerdem noch die Lebenszahl. Dazu rechnest du die Zahlen des Geburtsdatums einzeln zusammen. Wie das genau geht, habe ich dir im Kapitel »Die Berechnung deiner Lebenszahl« genauer beschrieben. Damit hast du schon alles zur Hand, was du brauchst.

3. Beginne nun, die Bedeutung der Lebenszahl nachzulesen. Du findest die Beschreibung dazu im Kapitel »Alle neun Lebenszahlen im Überblick«. Hier bekommst du einen ersten Eindruck in die Stärken und Schwächen deiner Zahl.

4. Nun schlage im Kapitel »Die 108 Typen – die Kombinationen von Sternzeichen und Lebenszahl« nach und lies dort zuerst die allgemeine Beschreibung mit ihren Licht- und Schattenaspekten.

5. Dann suche dir in diesem Kapitel deinen der 108-Typen heraus. Du findest ihn unter deinem Sternzeichen bei der Beschreibung der einzelnen Kombinationen, etwa »Wassermann mit der Zahl 5«. Lies deinen Text dazu und überlege dir selbst einmal, wie die Verbindung von Sternzeichen und Lebenszahl bei dir wirksam werden könnte. Schau dazu auch gern, ob du mehr über die dort beschriebene bekannte Persönlichkeit herausfinden möchtest.

6. Nun kannst du für deine Familie, Freunde und Bekannten dasselbe tun. Such dir ein paar Geburtstage

heraus, berechne die Lebenszahlen und bilde die Kombinationen von Lebenszahl und Sternzeichen. Schau unter den betreffenden 108 Typen nach, welcher Typ dieser Mensch ist, und überlege dir anschließend, welche Stärken und Schwächen damit verbunden sind.

7. Und jetzt gilt wie bei allem – Übung macht den Meister! Je mehr du dich mit diesem System beschäftigst, umso fruchtbarer kann es für dich werden. Vergleiche zum Beispiel gleiche Sternzeichen in deinem Bekanntenkreis oder gleiche Lebenszahlen. Denk dich in dieses System hinein und finde dabei immer wieder kleine Anhaltspunkte, mit diesem Menschen anders und besser umgehen zu können. Dann ist der Zweck von diesem Buch bereits erfüllt!

Kapitel 1

WIE DIESES SYSTEM DER ZAHLEN UND STERNE ENTSTAND

Schon seit ich denken kann, wollte ich verstehen, warum andere Menschen so handeln, wie sie es nun mal tun. Darum habe ich schon immer voller Interesse neue Systeme erforscht, die den Charakter eines Menschen wiedergeben möchten. Als echter Naturwissenschaftler (ich durfte in physikalischer Chemie promovieren) habe ich alle diese Methoden im »Versuchslabor Leben« einer drastischen Realitätsprüfung unterworfen und ein wenig wie Aschenputtel »die Guten ins Töpfchen« (und die Schlechten ins Kröpfchen) ausgesiebt. Mit der Zeit ist dabei ein eigenes System entstanden, das Astrologie mit Numerologie in einer neuen Art und Weise zusammenführt. Eben »Deine Zahlen, deine Sterne«.

Mir ist klar, es gibt bereits viele gute Systeme, um den Charakter eines Menschen zu beschreiben. Warum nun also noch ein weiteres? Dafür habe ich vor allem vier gute Gründe:

★ Erstens konnte sich meine Methode in nunmehr zwei Jahrzehnten des Praxistests immer mehr bewähren und verfeinern. Mit vielen hundert Menschen habe ich dieses System bereits ausprobiert und viel gutes Feedback erfahren. Immer häufiger wurde ich in letzter Zeit gefragt, ob ich denn schon ein Buch dazu geschrieben hätte, wo all dies nachzulesen sei. Dieser Bitte komme ich nun mit Freuden endlich nach.

★ Zweitens ist mein System sehr einfach. Es hat den Charme, nur die wesentlichsten Charakterzüge einer Persönlichkeit darzustellen. Viele Menschen sind der Meinung, Astrologie sei viel zu kompliziert und darum nur vom Fachmann anwendbar, Numerologie nicht minder. Dem möchte ich einen Satz von Albert Einstein hinzufügen, der meinte: »Wenn du es nicht einfach erklären kannst, hast du es noch nicht gut genug verstanden.« Zugegeben, das klingt nun doch sehr nach Vorschusslorbeeren, die ich mir hier selbst aufsetze, aber entscheide du doch einfach selbst, nachdem du mein System ein paar Mal angewendet hast. Ich selbst habe meine Typenkunde schon häufig auf Partys in geselliger Runde vorgestellt und kann dies nur empfehlen. Es ist eine nette neue Form von »Smalltalk«, bei der man Bekannte und Unbekannte mit ein wenig Tiefgang kennenlernen kann.

★ Zum Dritten hat jedes System seine Lücken, geht es doch hier um nicht weniger als die hervorstechendsten Eigenschaften von uns Menschen, die mitunter sehr vielschichtig sein können. Bei meiner Herangehensweise, Zahlen und Sterne zu verbinden, gelingt es häufig, die Mängel und Fehler des einen Systems durch Hinzunahme des zweiten zu überdecken. Es wird so auch oft schnell deutlich, warum etwa ein Widder sehr ausgeprägt in seinen Eigenschaften auftritt, wenn er zum Beispiel durch die Lebenszahl 1 oder 5 darin bestärkt wird. Stattdessen werden die Lebenszahlen 2 oder 7 seinen Typus eher mildern und weniger offensichtlich machen in seinem Auftreten. Mir geht es vor allem darum, etwas anzubieten, das verschiedene Blickwinkel auf einen Menschen erlaubt, um so die Scheuklappen abzulegen, mit denen wir unsere eigenen Mängel und Charakterzüge nicht sehen können. Und ein kräftiger Schuss Humor hilft auf diesem Weg der Selbsterkenntnis bekanntlich sehr.

★ Den letzten Anstoß für dieses Buch gaben schließlich die Ferienseminare, die ich seit 2017 im *Lichtquell* im Schwarzwald gebe. Hier ist immer die Selbstliebe das große Thema, und eher aus dem Bauch heraus habe ich damit begonnen, mein Konzept der Zahlen und Sterne dort vorzustellen. Denn um uns selbst mehr lieben zu können, sollten wir genauer auf unsere Stärken und Schwächen blicken. Beide hängen zumeist untrennbar zusammen. Erst wenn ich meine Schwächen kenne, liebe und akzeptiere, wird sich der Schatz zeigen, der hinter meinem scheinbaren Mangel verborgen liegt und nur darauf wartet, wie im Märchen endlich wachgeküsst zu werden.

Wie bin ich nun zu meinem System der Typbeschreibung gekommen? Ich bin am 23. Juli geboren, und dieses Datum fällt nach der allgemeinen Einstufung der Sternzeichen bereits in den Löwen. Bis ich Mitte zwanzig war, habe ich darum gedacht, ich sei ein Löwe. Und da fand ich mich nun wirklich (noch) nicht treffend beschrieben. Wie der Zufall es wollte, war aber die Sekretärin meines Professors an der Uni eine begeisterte Astrologin. Als ich ihr einmal sehr geholfen hatte, bot sie mir zur Belohnung an, ein eigenes Horoskop für mich zu erstellen. Etwas unsicher sagte ich zu. Und es stellte sich heraus, ich bin früh an diesem 23. Juli geboren und damit noch im Sternzeichen Krebs. Für mich war das zuerst einmal eine herbe Enttäuschung. ›Hm‹, dachte ich mir, ›so eine Bescherung.‹ Zuerst glaubte ich, ein stattlicher und stolzer Löwe zu sein, der macht ja schließlich richtig was her. Nun wurde mir mitgeteilt, ein glitschiger und unansehnlicher kleiner Krebs zu sein. Damit musste ich mich erst einmal anfreunden.

Was die nette Sekretärin mir aber über das Zeichen Krebs erzählte, ergab für mich viel mehr Sinn. Hier wurden meine Eigenschaften deutlich besser beschrieben und ich wurde neugierig. Ich las verschiedene Bücher zur Astrologie und fand das Ganze jedoch zugegebenermaßen viel zu kompliziert. Hellhörig wurde ich dann, als an meinen Lehrstuhl ein Professor der Bayer AG kam, der vorher im Personalbereich dieser Firma tätig gewesen war und nun langsam in den Ruhestand ging. Er unterrichtete eigentlich Technische Chemie und Patentrecht, erzählte uns aber immer wieder aus dem Nähkästchen von seinen Erfahrungen in der Firma. Er hatte sich tatsächlich auch mit Astrologie beschäftigt und die passendsten Stellenbewerber für einen bestimmten Job nach astrologischen Kriterien ausgewählt – und das mit sehr großem Erfolg. Es musste also wirklich etwas Wahres daran sein! Ich forschte darum zu diesem Thema mit wissenschaftlicher Neugier weiter. Mein Studium sollte ja schließlich auch noch zu etwas gut sein!

Bekanntlich gibt es verschiedene Systeme und Meinungen zur Astrologie, und ein wenig ist es dabei so, wie zum Arzt zu gehen. Jeder behandelt dich ein bisschen anders. Der eine beherrscht die Schulmedizin, der andere ist Heilpraktiker, mancher hilft dir mit Akupunktur und der nächste mit Traditioneller Chinesischer Medizin (TCM). Das Schöne ist, jeder macht dich gesund, auf seine Weise. Und: Wer heilt, hat recht! Ich habe bei meiner Forschung zur Astrologie gemerkt: Den einen Stein der Weisen, die eine (einzige) richtige Sichtweise gibt es leider (oder zum Glück!) nicht. Jeder Astrologe macht es auf seine Weise – und darum immer ein wenig anders als andere. Die Frage nach richtig oder falsch stellt sich darum weniger, sondern vielmehr: Was kann ich aus dieser Betrachtung der Astrologie für mich lernen? Was stimmt für mich?

Ein wenig ist dies auch das Motto dieses Buches geworden. Mir geht es nicht darum, es hier besser zu wissen oder Recht zu haben mit dem, was ich über ein bestimmtes Sternzeichen oder eine Lebenszahl sage. Das, was ich hier niederlege, ist in jahrelanger Beratung und Auseinandersetzung mit dem Thema entstanden. Also empirisch, aus der praktischen Anwendung und der dabei gemachten Erfahrung heraus. Frage dich darum bitte beim Lesen immer wieder aufs Neue: Was könnte davon auf mich zutreffen – und was weniger? Jeder noch so kleine Aha-Moment der Selbsterkenntnis ist dabei für mich viel gewinnbringender und macht mich viel mehr froh, als wenn ich zwar dauernd mit allem Recht hätte, aber bei dir nichts wirklich ankommen würde. Es geht mir vor allem um den Einblick in dich selbst, den du beim Lesen dieses Buches für dich gewinnst.

Wenn der Funke der Begeisterung auf dich übergesprungen ist, was ich mir sehr wünsche, habe ich eine Reihe von Büchern zur Astrologie in den Anhang aufgenommen.[2] Das Verständnis über die Wirkungsweise der Sterne wird nämlich umso genauer und besser, je tiefer man sich mit der Materie beschäftigt. Für mich kann ich sagen, dass ich nicht nur Krebs bin durch mein Sternzeichen, sondern auch Stier durch meinen Aszendenten, Löwe durch viele Planeten im Zeichen Löwen und Waage durch den Stand meines Mondes im 7. Haus. In Prozenten ausgedrückt bin ich näherungsweise daher 40% Krebs, 30% Stier, 20% Löwe und 10% Waage (huch, sind das jetzt auch wirklich 100%? Ja, zum Glück!). Krebs ist nur der Stand der Sonne zu meinem Geburtszeitpunkt und damit besonders aussagekräftig. Aber nicht nur er macht mich aus.

So genau möchte ich an dieser Stelle allerdings nicht in die Materie einsteigen, hoffe aber, doch ein wenig die

---

2) Siehe Literaturhinweis, Seite 245.

Neugier bei dir zu wecken. Lies doch einfach auch die anderen Beschreibungen durch, vielleicht erst einmal nur, um die Sternzeichen deiner Freunde, Bekannten und Familienangehörigen zu entdecken und sie so besser verstehen zu können. Möglicherweise erkennst du ja bestimmte Eigenschaften anderer Zeichen auch bei dir. Du kannst dir ja spaßeshalber ebenfalls so eine Prozentzuordnung des Tierkreises für dich anfertigen. (Es sollen aber bitte am Schluss auch 100% dabei herauskommen!)

Erwähnen möchte ich jedoch noch einige Sonderfälle. Bei manchen Menschen ist die Verteilung der Planeten im Horoskop sowie deren Gewichtung aussagekräftiger als das eigentliche Sternzeichen, in dem sich ja »nur« ihre Sonne befindet. Eine meiner besten Freundinnen ist am 26. Oktober geboren, hat aber gleich 5 Planeten in der Waage und im 7. Haus, das ebenfalls der Waage zugeordnet wird. Darum ist ihr Verhalten viel mehr durch die Waage als durch den Skorpion gefärbt. Außerdem liegt bei ihr der Geburtstag gleich drei Tage nach dem Wechsel von Waage zum Skorpion, hat also noch eine gehörige Portion Waage mitgenommen. Bei mir ist es ähnlich, wie gesagt bin ich genau auf dem Wechsel von Krebs zum Löwen zur Welt gekommen. Ich bin aber noch im Krebs geboren und damit sozusagen »auf dem Weg« zum Löwen, soll es also noch werden.

Ganz allgemein kann man sagen, dass die Geburtstage, die um den Wechsel von einem Zeichen zum anderen liegen, immer besonders mit dem vorherigen oder darauf folgenden verbunden sind. Sollte dein Geburtstag schon im beginnenden neuen Zeichen liegen, dann »kommst«

du aus dem gerade vergangenen und trägst dessen Prägung noch in dir. Lies also am besten den Text für beide und schau, wo du dich wiederfinden kannst. Oft ist es dann das gerade vergangene Zeichen. Solltest du gerade noch im ausgehenden Zeichen geboren sein, dann »gehst« du sozusagen schon ins kommende Zeichen. Dort willst du hin, was sich oft erst im späteren Leben zeigt. Mir ist es als Kind und Jugendlicher zum Beispiel ein Graus gewesen, in der Klasse nach vorn zu gehen und auf dem Präsentierteller zu stehen. Mein Löwe, der es liebt, im Mittelpunkt und auf der Bühne zu stehen, hat sich damals noch versteckt. Ich konnte es mir damals gar nicht vorstellen, öffentlich Vorträge zu halten.

An dieser Stelle der Betrachtung wird hoffentlich deutlich, was die Astrologie so schwierig, gleichzeitig aber auch so spannend macht. Sie hat nämlich auch noch etwas mit unserem Lebensalter zu tun. Jeder von uns geht als Mensch durch seine persönliche Entwicklung, wir lernen uns im Laufe unseres Lebens immer besser kennen und wachsen dabei immer mehr in unsere wirkliche Persönlichkeit hinein. Das bedeutet, wir entdecken in unseren späteren Jahren vielleicht Charakterzüge, die uns vorher an uns noch völlig fremd waren. Das Horoskop unserer Geburt bleibt aber immer dasselbe! Wie kann das funktionieren? Ganz einfach: Wir ändern uns, werden uns der speziellen Eigenschaften unserer Person immer mehr bewusst und erkennen einfach mehr in unserem Horoskop als noch Jahre zuvor. Wir verändern uns und unsere Sichtweise – und damit automatisch auch unseren Blick auf die Sterne!

Wenn ich unseren Lebensweg als Mensch einmal aus dieser Perspektive betrachten darf, dann leben wir anfangs in unserer Jugend vor allem unseren Mond. Bei mir ist dies die Waage, die anpassungsfähig ist und am liebsten Harmonie in ihrer Umwelt möchte. Der Mond entspricht unserem Gefühl, und dem folgen wir als Kind eben noch ganz besonders. Erwachsen geworden wird die Sonne immer dominanter, und unser Sternzeichen prägt unser Verhalten immer mehr. Ab der zweiten Lebensspanne kommt nun ein Entwicklungsschritt hinzu, der mit Berufung zu tun hat und der Frage, wo wir in diesem Leben eigentlich hin möchten. Hier spielt vor allem der Mondknoten eine wesentliche Rolle, der bei mir, welch Zufall, im 5. Haus im Löwen steht. Man könnte es als seelisches Ziel dieser Inkarnation beschreiben – es ist das, was wir in diesem Leben erreichen und vollbringen möchten.

Ganz allgemein ist es mein Eindruck, dass in der ersten Lebenshälfte eines Menschen vor allem die Selbsterkenntnis im Vordergrund steht. Ich entdecke meine Eigenheiten, Stärken und Schwächen und werde mir über meine wesentlichen Charakterzüge klar. Dann, in der zweiten Lebenshälfte, möchte das Universum jedoch noch mehr von mir. Es möchte, dass ich ganz werde, und ich soll darum auch Charakterzüge integrieren, die mir bis dato noch völlig fremd erschienen.

Meine Lebensmitte war durch einen Umzug von Köln nach München geprägt, bei dem ich kurz danach heiratete und eine Familie gründete. Selbstverständlich änderte sich damit auch meine Umgebung und alle Menschen um mich wechselten komplett. Auffällig war für mich besonders, nun plötzlich mit dem Sternzeichen Zwilling mehr als jemals zuvor konfrontiert zu werden. Meine Frau Bärbel war Zwilling-Aszendent und meine Sekretärin, mit der ich den ganzen Arbeitstag zu tun hatte, gleich dreifacher Zwilling mit Zwilling-Sonne, Zwilling-Aszendent und auch noch Merkur, der zum Zwilling gehört, im ersten Haus des Aszendenten. Mehr Zwilling geht nicht! Ich lernte darum die Eigenheiten des Zwillings kennen und lieben, ich hoffe, das darf ich sagen. Und was bezweckte das Universum damit bei mir? Beim Zwilling geht es vor allem um den Austausch zwischen den Menschen und damit um das Reden und Schreiben. Das sollte ich offenbar kennenlernen, und heute kommt es mir sehr zugute. Dieser Anteil, der in meinem Horoskop eher versteckt liegt, wurde nun endlich auch noch mit Leben erfüllt. Aber erst in »der zweiten Hälfte« meines Lebens.

So weit also mein kurzer Ausflug in die Astrologie und wie ich sie kennenlernte. Nun widmen wir uns im nächsten Kapitel der Numerologie, in gleicher Weise. Denn zu ihr kam ich tatsächlich unfreiwillig, mehr wie die Jungfrau zum Kind …

Kapitel 2

ASTROLOGIE UND NUMEROLOGIE

So gern ich mich ab etwa Anfang 30 mit Astrologie beschäftigt habe, so weit entfernt erschien mir dagegen die doch eigentlich ganz ähnliche Arbeit mit Zahlen, die Numerologie. Beide Systeme wollen Aussagen über die charakterlichen Eigenschaften von uns Menschen machen, jedoch passten beide Herangehensweisen für mich anfangs rein gar nicht zusammen. Es brauchte eine gehörige Portion Zufall, um mich eines Besseren zu belehren. Und das kam so …

Anfang der 90er Jahre interessierte ich mich für viele neue Dinge, und besonders das Feng-Shui begann damals immer bekannter zu werden. Als immer mehr Freunde mit mir darüber sprachen, las ich einige Bücher dazu und fand das Ganze bald darauf dann spannend genug, um einen Wochenendkurs zu buchen. Es war sogar als richtige Ausbildung zum Feng-Shui-Berater angelegt, die über vier Wochenenden mit Abschlussarbeit ging.

Freudig ging ich also zum ersten dieser Termine und war total überrascht: Die Leiterin ging das ganze Wochenende über nur die Hausnummern durch und sprach über die Bedeutung von Zahlen. Die Frage lautete, welche Bedeutung hat die Hausnummer für die Bewohner? Welche Lernaufgabe, welcher Lebensabschnitt wird damit beschrieben? So wie es kein Zufall ist, dass ich in ein bestimmtes Haus ziehe mit einer bestimmten Nummer, so ist es offenbar kein Zufall gewesen, dass ich in diesem Seminar über Feng-Shui mit den Grundzügen der Numerologie konfrontiert wurde. Nachdem meine erste Überraschung verflogen war, fand ich das System der Zahlen plötzlich ganz einfach. Es fiel mir wie Schuppen von den Augen. So, wie es hier dargestellt wurde, konnte ich mit meinem Wissen über Astrologie recht einfach Analogien zwischen Zahlen und Sternen herleiten. Die Lebenszahl 1 weist viele Ähnlichkeiten zum Prinzip Widder und Wassermann auf, die 2 ähnelt in ihrer Art am meisten der Waage und dem Stier und so weiter. Dieses Seminar wurde darum zum Grundstein für das System, das ich dir hier vorstelle. Plötzlich begeisterte mich diese Ähnlichkeit der Zahlen und Sterne so sehr, dass ich die Ausbildung in Feng-Shui dann gar nicht mehr weiterführte. Denn eine Sache verblüffte mich ganz besonders: Die Zahlen gaben mir endlich einen verständlichen Hinweis darauf, warum ich mit bestimmten Menschen besonders eng befreundet bin. Als ich nämlich meinen engsten Bekanntenkreis anhand ihrer Lebenszahlen näher anschaute, kam ich aus dem Staunen nicht mehr heraus. Meine vier engsten Freunde hatten dieselbe Lebenszahl wie ich, alle sind numerologisch eine (29/11)! So viel Übereinstimmung konnte kein Zufall sein, so viel stand für mich fest. Gleiche Zahlen entsprechen einer gleichen Lebensenergie, einer ähnlichen Herangehensweise an die Herausforderungen unseres Lebens und wie wir diese lösen. Gleiche Zahlen stehen darum für große Übereinstimmungen im Charakter und im Verhalten.

Nebenbei gesagt hatte ich in der Astrologie leider bis dato noch keine gute Erklärung für die Anziehungskraft gefunden, die zwischen meinen Freunden und mir bestand. Es war sogar immer ein großer Wunsch von mir gewesen, über diese Wirkkräfte etwas mehr herauszufinden. Die Numerologie lieferte mir nun endlich eine gute Erklärung, und ich ging dieser Fährte weiter nach, wie ein Spürhund.

Natürlich gibt es bei der Numerologie genauso wie bei der Astrologie viele verschiedene Auslegungsarten und Systeme. Je nach Interpretation bekommen die Zahlen dabei mitunter sehr unterschiedliche Bedeutungen zugewiesen.[3] Besonders mühsam finde ich es, wenn die einzelnen Buchstaben von Geburtsnamen in Zahlen umgerechnet werden müssen, damit schließlich ein Name einer Zahl entspricht, die dann erst gedeutet werden kann. Hier konnte ich zum einen kein wirklich überzeugendes System entdecken, zum anderen verwenden je nach Blickweise manche Theorien Zuordnungen der Buchstaben zu den Zahlen 1 bis 8, andere dagegen von 1 bis 9. Welche ist nun die richtige oder bessere? Für mich fand ich dazu keine Lösung.

---

3) *Einige Literaturhinweise dazu habe ich in den Anhang aufgenommen, siehe Seite 245.*

Mir ist das alles viel zu kompliziert. Ich bin der festen Überzeugung: Die Wahrheit, sie muss einfach sein. Und darum habe ich mich bei der Numerologie wie der Astrologie rein auf die Betrachtung des Geburtsdatums beschränkt. Damit kann jeder sofort loslegen. Jeder hat seinen Geburtstag im Kopf, kennt außerdem viele solcher Daten von Freunden und Arbeitskollegen, man braucht nur einen Zettel und einen Stift und kommt sogar gänzlich ohne Computer und irgendwelche Programme aus. Ich kann mein System jetzt sofort an jedem Ort vorführen, zum Beispiel beim Wandern auf einer Berghütte, wo es nicht mal Strom gibt und wo selbst das Handy kein Netz bekommt. Oder abends in einer Kneipe, ganz spontan mit ein paar neuen Bekannten. Das mache ich auch immer wieder gern, wenn sich eine nette Gelegenheit dazu ergibt.

Ein weiterer Vorteil ist: Wenn ich sowohl die Sichtweise der Zahlen wie die der Sterne auf ein Geburtsdatum anwende, wird die Persönlichkeit eines Menschen, den ich betrachte, vielschichtiger, ja irgendwie mehrdimensional. Es ist, als könnte ich auf diese Weise um einen Menschen herumgehen und ihn von allen Seiten gleichzeitig anschauen.

Es gibt tatsächlich bisher so gut wie kein System, das so wie hier die Sichtweise der Zahlen und der Sterne gleichberechtigt zusammenführt. Später entdeckte ich Ähnliches im mystischen Zweig des Judentums, der Kabbala. Hier wird der Weg des Menschen zu seiner Bestimmung durch 10 sogenannte »Sephirot« beschrieben, die jeweils sowohl einer Zahl wie gleichzeitig einem

Planeten zugeordnet werden. Der bulgarische Weisheitslehrer Mikhaël Aïvanhov hat dies kurz in seinem Buch über die Kabbala beschrieben, jedoch nicht weiter ausgeführt.[4] Die Zusammenführung der Zahlen und Sterne ist dort ganz zwangsläufig anders als bei mir, da auch die Zahlen hier andere Bedeutungen zugeordnet bekommen haben.

Ähnlich verhält es sich mit dem Enneagramm, das ebenfalls neun Qualitäten bestimmter Charaktertypen beschreibt. Die Bedeutung der Zahlen ist auch hier anders gewählt als bei mir, darum will ich an dieser Stelle nicht weiter darauf eingehen. Jedoch finde ich das Enneagramm sehr hilfreich, da es eine Art Selbsttest darstellt, bei dem ich mir über meine Persönlichkeitsstruktur klarer werden kann.

Bei meiner Betrachtung der Zahlen stütze ich mich auf verschiedene numerologische Deutungen, die ich neu zusammenführe. Hervorheben möchte ich darunter vor allem zwei. Zum einen ist dies das Buch »Die Lebenszahl als Lebensweg« von Dan Milman.[5] Viele kennen den Autor und sein bekanntestes Buch »Der Weg des friedvollen Kriegers«. Weniger bekannt ist leider seine später erschienene Interpretation der Lebenszahl. Besonders schön finde ich bei ihm, wie er ebenfalls das innere Wachstum einer Person berücksichtigt, indem er Licht und Schatten einer Lebenszahl beschreibt. Wie glücklich oder unglücklich jemand diesen Lebensweg

---

4) Siehe Literaturhinweis, Seite 245.
5) Siehe Literaturhinweis, Seite 245.

geht, hängt dabei vor allem von der Bewusstheit dieses Menschen ab, die er bereits erlangt hat. Milman gibt in seinem Buch für jede nur mögliche Lebenszahl eine sehr umfangreiche Beschreibung.

Zum anderen stütze ich mich auf das Buch »Das Tiroler Zahlenrad« von Monika Paungger und Thomas Poppe.[6] Dieses Autorenpaar hat sich darum verdient gemacht, den vergessen geglaubten Mondkalender wieder mit neuem Leben zu füllen. Sie waren die Ersten, die den Einfluss des Mondes auf die Vorgänge auf unserer Welt neu beschrieben haben. Im Tiroler Zahlenrad stellen sie ein Modell vor, das die Autorin aus ihrer Tiroler Heimat kennt und das die Zahlen einfach den 4 Himmelsrichtungen und einem Zentrum als 5. Größe zuweist. Jeweils 2 Zahlen ähneln sich hier und werden derselben Größe Osten, Süden, Westen, Norden und dem Zentrum zugewiesen. Paunggers System ist recht einfach, und sehr schön finde ich, dass bei ihr jeder Persönlichkeitstyp eine bestimmte »Signatur« bekommt, die sich aus den verschiedenen Größen von 1 bis 5 zusammensetzt. Jede Signatur wird einzeln auf vier Seiten beschrieben. Die numerologische Deutung der Zahlen ist jedoch mitunter sehr verschieden zu der Einstufung von Milman.

Nun kommen wir in den nächsten Kapiteln zur Deutung der Zahlen. Zuerst rechnen wir dazu deine Lebenszahl aus.

---

6) Siehe Literaturhinweis, Seite 245

Kapitel 3

DIE BERECHNUNG
DEINER LEBENSZAHL

Nun kommen wir zur Berechnung deiner Lebenszahl, die wertvolle Hinweise auf deine besonderen
Fähigkeiten und Herausforderungen in diesem Leben
enthält. Im folgenden Kapitel zeige ich dir, wie du deine
Lebenszahl bestimmen kannst. Du wirst sehen, es ist
ganz einfach, wenn du den Bogen erst einmal raus hast.

Am besten beginnst du mit deinem eigenen Geburtsdatum. Als Beispiel nehmen wir mal das Datum
17.7.1954, hier wurde unsere Kanzlerin Angela Merkel
geboren. Achte darauf, immer das komplette Datum zu
verwenden und nicht die Kurzform 17.7.54. Das Jahrhundert sollte dabeistehen.

Nun kommt der eigentliche Rechenschritt. Dazu bilden wir die Quersumme aller Zahlen, indem wir jede
der Zahlen des gewählten Datums in einstelliger Form
hintereinander zusammenzählen. Aus der 17 wird dabei
1 + 7, aus der Jahreszahl 1 + 9 + 5 + 4. Gesamt sieht die
Rechnung so aus:

$$17.7.1954 = 1 + 7 + 7 + 1 + 9 + 5 + 4 = 34$$

Die Quersumme des Geburtstages von Angela Merkel ist damit 34. Nun fehlt nur noch ein letzter Schritt. Wir summieren nun auch noch die errechnete zweistellige Quersumme:

$$3 + 4 = 7$$

Die komplette Lebenszahl von Angela Merkel lautet also (34/7). Die 34 ist die Quersumme des Geburtsdatums, die 7 die sogenannte Endzahl oder Endziffer, die sich ergibt, wenn du diese Quersumme nochmals zusammenzählst. Das ist schon alles.

Zum Üben nehmen wir doch gleich noch ein weiteres Datum. Unser bekanntester Fernsehmoderator ist Günther Jauch, geboren am 13.7.1956. Zuerst addieren wir alle Zahlen dieses Datums wieder zur Quersumme:

$$1 + 3 + 7 + 1 + 9 + 5 + 6 = 32$$

Die Quersumme dieses Termins errechnet sich also zur 32.

Wieder kommt nun der zweite Schritt und wir addieren auch diese Quersumme zur Endziffer: $3 + 2 = 5$. Die Lebenszahl von Günther Jauch ist also komplett (32/5). Quersumme 32, Endziffer 5.

Nun noch ein Beispiel. Bleiben wir bei Prominenten und wählen Thomas Gottschalk, geboren am 18.5.1950. Versuch doch einmal selbst, die Lebenszahl herauszufinden. Wie war nochmal der erste Schritt?

Zuerst schreiben wir alle Zahlen des betreffenden Datums einstellig hintereinander und addieren alle Zahlen zur Quersumme. Hier sind das 1 + 8 + 5 + 1 + 9 + 5 + 0 = 29.

Die Quersumme dieses Datums ist 29. Wieder können wir diese zweistellige Zahl nochmals addieren, um die Endziffer zu bekommen. Also: 2 + 9 = 11. Hier haben wir gleich eine Ausnahme, die Quersumme ist immer noch zweistellig. In diesem Fall bleibt die 11 einfach stehen. Die Lebenszahl von Thomas Gottschalk ist damit die (29/11). Dieser Sonderfall kommt nur dreimal vor, und zwar bei der 10, der 11 und der 12, die als errechnete zweistellige Quersumme meist nicht weiter zusammengezählt werden. Ich gehe bei der Bedeutung der Zahlen im nächsten Kapitel noch etwas detaillierter darauf ein.

Insgesamt gibt es damit bei den Lebenszahlen die möglichen Endziffern 2, 3, 4, 5, 6, 7, 8, 9, 10, 11 und 12.

Aus Erfahrung weiß ich, dass bei dir am Anfang sicher eine gewisse Unsicherheit besteht, ob du auch wirklich alles richtig gerechnet hast. Darum lade ich dich ein, nun selbst ein paar Beispiele zu rechnen. Man darf natürlich auch einen Taschenrechner benutzen, wer Freude daran hat und es einfach so gewohnt ist. Ich habe noch ein paar weitere Prominente dazu ausgesucht, dieses Mal aus dem Bereich Sport. Also, berechne doch einmal selbst folgende Lebenszahlen mit Quersumme und Endziffer:

1) 22.11.1967
2) 03.01.1969
3) 14.06.1969
4) 28.09.1905

Die richtigen Lebenszahlen sind

1) (28/10) (Boris Becker)
2) (29/11) (Michael Schumacher)
3) (36/9) (Steffi Graf)
4) (34/7) (Max Schmeling)

Um ein Gefühl für die Lebenszahlen zu bekommen, empfiehlt es sich, ein wenig mit den Geburtsdaten von Familienmitgliedern, Freunden und Bekannten zu experimentieren. Ich hatte ja bereits erzählt, wie überrascht ich war, dass meine engsten Freunde dieselbe Lebenszahl haben wie ich. Es könnte ja sein, dass auch bei dir kleine Überraschungserlebnisse beim Errechnen der Lebenszahlen deines Umfeldes entstehen. Wer weiß?

Nun bist du vielleicht neugierig geworden, welche Lebenszahlen es überhaupt gibt. Im letzten Jahrhundert, 1900 bis 1999, war die kleinste mögliche Quersumme am 1.1.1900 möglich, das ergibt $1 + 1 + 1 + 9 + 0 + 0 = 12$, und hier ergibt die Quersumme, wenn wir sie errechnen wollen, die Endziffer 3. Die kleinste mögliche Lebenszahl war damit die (12/3). Die höchste mögliche Lebenszahl ergab sich gegen Ende des letzten Jahrhunderts und somit am 29.9.1999, wo am meisten 9er vorkommen. Die Lebenszahl errechnet sich damit zu $2 + 9 + 9 + 1 + 9 + 9 + 9 = 48$ mit der Quersumme 12. Die größte Lebenszahl für das letzte Jahrtausend ist damit die (48/12). Zwischen diesen beiden Lebenszahlen (12/3) und (48/12) sind alle anderen Kombinationen möglich:

(13/4), (14/5), (15/6) bis (19/10)

(20/2), (21/3) bis (29/11)

(30/3), (31/4) bis (39/12)

(40/4), (41/5) bis (48/12).

Mit dem Jahrtausendwechsel hat sich dann aber einiges verändert. Die Lebenszahlen wurden kleiner, da es einfach weniger 9er in den Geburtsdaten gibt. Im neuen Jahrhundert, 2000 bis 2100, war die kleinste mögliche Lebenszahl am 1.1.2000 möglich. Die Quersumme ist $1 + 1 + 2 + 0 + 0 + 0$, das ergibt 4. Da diese Zahl schon einstellig ist, kann hier keine weitere Quersumme gebildet werden. Die Lebenszahl bleibt damit die (4).

Die höchste mögliche Lebenszahl in diesem Jahrhundert wird am 29.9.2099 möglich sein, wo die Quersumme ergibt: $2 + 9 + 9 + 2 + 0 + 9 + 9 = 40$. Die Quersumme und Endziffer errechnet sich hier zu $4 + 0 = 4$, Lebenszahl (40/4). Die größte Lebenszahl des aktuellen Jahrhunderts ist damit die (40/4), die kleinste die (4). Zwischen diesen beiden sind wieder alle Kombinationen im aktuellen Jahrhundert möglich, diesmal auch mit Lebenszahlen ohne Quersumme, also nur mit den reinen Endziffern (4), (5), (6) bis (12), wie eben beim 1.1.2000 beschrieben.

Es ist vielleicht eine nette Einstimmung ins nächste Kapitel, wo wir uns die Bedeutung der Lebenszahlen einmal genauer anschauen werden, wenn ich an dieser Stelle kurz etwas über diesen Wechsel der Jahrhunderte sage, der Silvester 1999 in das neue Jahr 2000 stattgefunden hat. Numerologisch gesehen war dies ein kleiner Quantensprung. Allgemein steht die Zahl 1 für den Einzelnen, der zunächst nur nach den eigenen Vorteilen sucht. Die 1 setzt sich mit ihren Kräften gegen die anderen durch und ist darum eher egoistisch veranlagt. Nur so war es möglich, dass die Ressourcen der Erde in der bisherigen Form ausgebeutet wurden, ohne an die kommenden Generationen zu denken.

Die 2 kündigte sich aber schon gegen Ende des letzten Jahrtausends an. Umweltschutz gewann immer mehr an Bedeutung, und der Schutz der Ressourcen wird ein immer dringenderes Thema. Nachhaltigkeit und Energieeffizienz sind Schlagworte, die uns weit ins neue Jahrtausend begleiten werden. Politisch gesehen hat sich Europa weitgehend friedlich entwickelt, die beiden Weltkriege des letzten Jahrhunderts liegen nun schon viele Jahrzehnte zurück. Mit der Einführung des Euros 2001 wurde auch ein wirtschaftlicher Zusammenhalt geschaffen, der Gemeinschaft und Stabilität verspricht. Genau dies sind bereits die Auswirkungen der Zahl 2. Sie steht für Zusammenhalt und die Sichtweise »ich und du«, wir beide gemeinsam, wo früher in Zeiten, die durch die 1 geprägt wurden, oft nur das »Ich« gesehen wurde. Die »Alles-nur-für-mich-Mentalität« weicht im neuen Jahrtausend immer mehr der Frage: »Wie können wir es gemeinsam schaffen?« Dabei werden immer neue Möglichkeiten und in der Folge auch technische Umsetzungen entstehen. Blicken wir dazu beispielsweise einmal nur auf die rasante Entwicklung im Bereich Telekommunikation, die bereits in den zwei Jahrzehnten seit dem Jahrtausendwechsel stattgefunden hat. Wer hätte damals gedacht, wie schnell aus einem kleinen tragbaren Telefon ein Handy mit unzähligen Funktionen wie Kamera und Wissensspeicher werden kann?

Weltweit stehen wir im Zeitalter der Zahl 2 vor der Gewissheit, die Probleme unserer Welt nur in einer gemeinsamen Anstrengung bewältigen zu können. Den Zusammenhalt, den Europa bereits in guten Ansätzen geschaffen hat, gilt es nun, auf die ganze Welt auszuweiten. Nicht zufällig ist der Fall der Mauer in Deutschland am Ende des 19. Jahrhunderts geschehen. Die 2 warf auch hier ihre Wirkung voraus und wird in ihrer ausgleichenden und harmonisierenden Kraft weiterhin tätig sein. Sie schenkt uns im neuen Jahrtausend das Bewusstsein, Weltbürger eines einzigen Planeten zu sein, dessen Probleme wir nun nur noch in einer gemeinschaftlichen Anstrengung zusammen – und nicht mehr im Kampf gegeneinander – bewältigen können.

Und natürlich spielt die neue Generation dabei eine wichtige Rolle, vielleicht die wichtigste überhaupt. In meinem letzten Buch, »Bestellungen beim Universum heute«, habe ich bereits die »Generation Y« erwähnt. Darunter versteht man diejenigen, die zwischen 1980 und 2000 geboren wurden. Sie tragen den Keim des neuen Zeitalters bereits in sich. Diese Jugendlichen, heute zwischen 20 und 39 Jahren alt, sind gerade dabei, im Wirtschaftsleben Fuß zu fassen, und werden bald in leitende Funktionen befördert werden. Das Ypsilon der »Generation Y« wird englisch ausgesprochen als »Why«, also »Warum«? Diese jungen Menschen stellen sich diese Frage immer mehr und verändern damit schon heute die Arbeitswelt frappierend. Ihnen ist es nicht mehr so wichtig, schnell Karriere zu machen und viel zu verdienen, wie es vielleicht andere Generationen vor ihnen getan haben. Nein, sie stellen mehr die Frage nach dem Sinn und was ihnen in diesem Leben wirklich wichtig erscheint. Statt Karriere zu machen, legen sie vermehrt Wert darauf, Zeit zu haben, um diesen Fragen des Lebens nachgehen zu können. Und die Firmen müssen diesen neuen Ansprüchen folgen, da in Zeiten zurückgehender Geburtenraten immer weniger gute und qualifizierte Absolventen der Hochschulen dem Arbeitsmarkt zur Verfügung stehen. Teilzeitstellen, Homeoffice und 4-Tage-Wochen sind schon jetzt die erfreuliche Folge. Was für eine wegweisende Entwicklung dies ist! Grund genug, mit Zuversicht in dieses neue, noch so junge Jahrtausend zu blicken!

Kapitel 4

ALLE NEUN LEBENSZAHLEN IM ÜBERBLICK

Nachdem wir nun deine Lebenszahl errechnet haben, bist du sicher gleich neugierig geworden, welche besondere Herausforderung sich hinter ihr für dich verbirgt. Jede Zahl stellt eine Einladung dar, bestimmte Fähigkeiten in seinem Leben besonders ausgeprägt zu entdecken und sie dann der Welt zu präsentieren. Es bleibt dabei der persönlichen Entwicklung vorbehalten, in welcher Ausprägung eine bestimmte Lebenszahl diese Fähigkeiten bereits mit Leben erfüllt oder noch nicht. Dabei spielen die Prägungen der Kindheit, das persönliche Umfeld und sowohl Selbstbewusstheit wie auch der Selbstwert eine entscheidende Rolle. Carl Gustav Jung sagte in diesem Zusammenhang sehr treffend: »Ich bin nicht das, was mir geschehen ist. Ich bin das, was ich entscheide zu sein.« In diesem Sinne liegt es an uns selbst und der Bereitschaft zu persönlichem Wachstum, wie wir unsere Lebenszahl interpretieren. Jede Lebenszahl hat darum eine Licht- wie auch eine Schattenseite und wird so von uns mit Leben erfüllt. Zu Beginn unseres Lebens liegt die Aufgabe einer jeden Zahl noch vor uns, und je mehr wir uns mit ihr und unserem Leben auseinandersetzen und bewusster sowie reifer werden, umso mehr bringen wir auch die lichtvolle Seite unserer Lebenszahl zum Scheinen.

Nachfolgend stelle ich dir nun die einzelnen Zahlen in aller Kürze vor. Wie du bereits weißt, ist deine Lebenszahl aus einer zweistelligen Zahl vor dem Schrägstrich und einer einstelligen Zahl danach zusammengesetzt. Nehmen wir zum Beispiel die Lebenszahl (27/9), so ist die erste, zweistellige Zahl 27 als Aufgabe zu sehen, die wir auf unserem Lebensweg zu bewältigen haben. Wir haben uns diese beiden Zahlen ausgesucht, um uns mit ihren Herausforderungen und Schattenseiten auseinanderzusetzen und ihre Potenziale für uns zu entdecken. Ich stelle dir hier die einzelnen Zahlen jeweils in ihrer lichtvollen wie auch in ihrer unreiferen Variante vor. Die zweistellige Zahl vor dem Schrägstrich sollen wir leben und im Detail erforschen, dann wird uns ihre lichtvolle Seite eröffnet. Zunächst leben wir jedoch noch die eher unbewusste Form von ihr. Je mehr wir uns die Aufgaben der zweistelligen Lebensaufgabe bewusst machen und mit Licht füllen, umso mehr wird auch unsere einstellige Endziffer hinter dem Schrägstrich mit Licht durchflutet. Bei der Lebenszahl (27/9) geht es darum zu lernen, in Harmonie mit sich wie auch anderen zu leben (2), außerdem Vertrauen in unsere Intuition und unsere Eingebungen zu bekommen, obwohl wir sehr feinfühlig und damit verletzlich sind (7). Als Ziel wartet dann die Endziffer 9 der Lebenszahl (27/9), bei der wir Weisheit erlangen und als Vorbild an andere Menschen weitergeben.

Ich habe dir bei den folgenden neun Lebenszahlen jeweils die Aufgabe und das Ziel kurz dargestellt. Such dir also bitte passend zu deiner Zahl jeweils die damit zusammenhängenden Aufgaben heraus. Bei der zweistelligen Lebensaufgabe vor dem Schrägstrich ist die erstgenannte Zahl stärker wirksam, beim genannten Beispiel der (27/9) also wirkt die 2 kräftiger als die 7. Wenn die 2 und die 7 ins Licht gebracht werden, werden die Gaben der 9 richtig wirksam.

Als erste spielerische Annäherung an die 9 Zahlenqualitäten soll uns zum Einstieg die Frage dienen: Welche verschiedenen Positionen bekleiden die einzelnen Lebenszahlen wohl typischerweise in einer gut funktionierenden Firma?

1: Der Chef. Hat die Verantwortung, ist voller Ideen, Energie und Tatendrang. Setzt seine Kreativität für die Firma ein, immer auf der Suche nach Neuem.

2: Die Sekretärin. Setzt um und arbeitet aus, was die 1 in die Welt bringt. Schafft ein gutes Betriebsklima, lebt harmonisch mit anderen zusammen.

3: Der Vertriebsleiter. Kommuniziert viel mit anderen, ist voller Begeisterung für die Firma und wirbt mit viel Geschick und Gefühl für ihre Produkte.

4: Der Manager von Großprojekten. Ist in der Lage, Wichtiges für die Firma zu vollbringen, wenn er geduldig und schrittweise vorgeht.

5: Die fleißige Arbeitsbiene. Sie schafft es, Freude an der disziplinierten Tätigkeit für die Firma zu entdecken und dabei doch auch eigene Ziele und ihre Unabhängigkeit zu bewahren.

6: Der Qualitätsprüfer. Kann akribisch und genau sein, ohne perfektionistisch zu werden. Kennt die eigenen Schwächen wie die der anderen und hat gelernt, mit ihnen umzugehen.

7: Der Personalchef. Hat eine große Intuition und ein Gespür für andere Menschen und ihre Fähigkeiten. Vertraut in die Fähigkeiten der alten und neuen Mitarbeiter.

8: Der Kassenleiter. Er hat ein gutes Händchen für Geld und setzt seine Macht selbstlos für die Firma ein.

9: Der Unternehmensberater. Definiert die Wertmaßstäbe der Firma und das *corporate identity* (Erscheinungsbild der Firma in der Öffentlichkeit). Er achtet auf die Einhaltung ethischer und moralischer Grundsätze bei der Herstellung der Produkte.

Da du deine Lebenszahl nun bereits errechnet hast, spür doch bitte mal in dich hinein, ob dir diese Position in der Firma schon behagt oder noch nicht so wirklich.

Um die Lebenszahlen besser kennenzulernen, habe ich hier einmal kurz die Aufgaben und Ziele beschrieben, die mit ihnen zusammenhängen:

1: Schöpferische Lebensenergie
Aufgabe und Ziel: Die zur Verfügung stehende Lebensenergie bestmöglich zu sammeln und schöpferisch zu nutzen.

2: Harmonische Gemeinschaft
Aufgabe und Ziel: Darauf hinwirken, in Harmonie mit sich und anderen zu leben.

3: Berührende Emotion
Aufgabe und Ziel: Gefühle spüren, ernst nehmen und gegenüber seiner Umwelt berührend ausdrücken.

4: Strebsames Wirken
Aufgabe und Ziel: Langsam und schrittweise voller Geduld große Ziele verwirklichen.

5: Freiheitliches Streben
Aufgabe und Ziel: Diszipliniertes Arbeiten an sich selbst, um innerlich frei zu werden.

6: Analytisches Verstehen
Aufgabe und Ziel: Erkenntnis menschlicher Schwächen bei sich und anderen und lernen, diese zu akzeptieren.

7: Verletzliche Intuition
Aufgabe und Ziel: Trotz aller Verletzlichkeit offen für die Intuition und Eingebungen bleiben.

8: Charismatische Kraft
Aufgabe und Ziel: Entdecken der Schöpferkraft der Gedanken und Einsatz dieser Macht zum Wohle anderer.

9: Lebendige Weisheit
Aufgabe und Ziel: Erlangen von Weisheit und Weiter-
gabe dieser an andere Menschen, Vorbildfunktion.

Hier nun alle 9 Lebenszahlen in einer detaillierten
Übersicht.

Schöpferische Lebensenergie

Die Lebenszahl 1 ist mit »dem Einen« noch verbunden,
unserer unerschöpflichen Quelle von Inspiration und Lebensenergie, die uns allen prinzipiell zur Verfügung steht.
Diese Kraft wünscht sich nichts mehr, als in uns wirken
und ungehindert durch uns in diese Welt fließen zu dürfen.
Eine 1, die ganz mit dieser Urenergie verbunden ist, fühlt
sich vital, leidenschaftlich und lebensfroh.

+ In ihrer bewussten Form lebt die 1 im Fluss der Energie,
  ist kreativ und voller Ideen. Sie schöpft aus der unerschöpflichen Quelle von Inspiration und fühlt sich
  dabei lebendig und beseelt und voller Selbstwertgefühl.

– In ihrer unbewussten Form ist die 1 vom Füllhorn der
  Energie abgetrennt. Die Energie fließt nicht frei, staut
  sich und der Mensch fühlt sich unfrei und blockiert.
  Die schöpferische Kraft steht dem Menschen nicht
  zur Verfügung und liegt unbenutzt brach. Sie sucht

sich Auswege in verschiedensten Formen von Süchten. Das müssen keine der bekannten Drogen sein, auch viel Fernsehen, dauerhaftes Spielen oder Lethargie kann die Folge sein. Diese Ausprägung der 1 macht den Menschen unsicher und lässt Selbstzweifel aufkommen. Die Energie staut sich auch im Körper und man fühlt sich krank. Sie kann somit nicht zum Wohle für sich und die Welt eingesetzt werden.

Positive Eigenschaften der Zahl 1

energiegeladen	einfallsreich
visionär	durchsetzungsfähig
will an die Spitze	selbstbewusst
willensstark	begeisterungsfähig

Negative Eigenschaften der Zahl 1

gebremst	lustlos
müde	angsterfüllt
suchtgefährdet	unsicher
antriebslos	

Die 1 ist häufig der Wegbereiter für Veränderungen, Verbesserungen und das Neue, das heutzutage vor allem durch die moderne Wissenschaft in unsere Welt kommt. Der wohl einflussreichste Wissenschaftler vor Einstein war mit Sicherheit Sir Isaac Newton, der hier als Archetyp dieser Lebenszahl stehen soll. Er wurde geboren am 4.1.1643, was sich zur Lebenszahl (19/10) addiert. Er sammelte so viel Weisheit (siehe später bei der Zahl 9), dass er Vorbild und Lehrer für viele Generationen von

Wissenschaftlern werden konnte. Das von ihm geschaffenes »Newtonsche Weltbild« war in der Lage, viele Jahre lang unsere Welt mit großer Genauigkeit wissenschaftlich dazustellen, etwa die Bewegung der Planeten um die Sonne. Erst mit der Quantenphysik Anfang des 19. Jahrhunderts wurde eine neue Ära der Wissenschaft eingeläutet.

Unter der Lebenszahl 1 finden sich außerdem häufig Menschen, die an die Spitze drängen, egal in welchem Bereich. Beispiele für Vertreter der Lebenszahl 1 sind der Feldherr Napoleon, der Autobauer Henry Ford, der Reformator Martin Luther, der Handeltreibende Jakob Fugger oder Formel-1-Weltmeister Michael Schumacher.

Überhaupt sei hier angemerkt, dass die Formel 1 ein ganz natürliches Sammelbecken ist für Menschen mit dieser Lebenszahl. Wo sonst kann man die Kraft der Zahl 1 besser nutzen, um aus einer Gruppe heraus ganz nach vorne zu kommen? Ob Niki Lauda (29/11), Fernando Alonso (37/10), Nico Rosberg (38/11) oder Alain Prost (28/10), überdurchschnittlich viele bekannte Rennfahrer der letzten Jahrzehnte sind unter dieser Lebenszahl geboren.

Harmonische Gemeinschaft

Wenn die 1 die Energie ist, dann geht es bei der 2 nun darum, wie diese Lebensenergie zwischen den Menschen einer Gemeinschaft hin- und hergegeben wird. Während die Zahl 1 für unser »Ich-Bewusstsein« steht, das mit unserer Kraftzentrale verbunden ist, durch das die Energie fließt, geht es bei der 2 mehr um das »Ich und Du«, das Gemeinschaftsgefühl und damit um das Geben und Nehmen im Miteinander.

+ In ihrer bewussten Form ist die 2 der Kern jeder guten Gemeinschaft. Sie ist einerseits hilfsbereit und übernimmt Verantwortung, kennt aber andererseits bereits ihre Grenzen und Fähigkeiten, um sich nicht zu überfordern. Sie hat gelernt, auch sich selbst zu geben und nicht nur den anderen. Sie hat darum die 1 bereits in sich integriert, um in Harmonie mit sich und anderen wirken zu können.

– In ihrer unbewussten Form opfert sich die 2 für alle anderen auf, bis sie selbst merkt, zu kurz gekommen zu sein. Da sie nun denkt, nichts zurückzuerhalten, macht sie ganz dicht und gibt den anderen gar nichts mehr. Im Grunde hat sie nur gegeben, um in gleicher Form wieder zurückzuerhalten. Was selbstlos wirkte, war wohl eher doch Kalkül und aus Eigennutz geboren.

Positive Eigenschaften der Zahl 2

beharrlich	hilfsbereit
kooperativ	teamfähig
gruppenorientiert	ausgleichend
bewahrend	

Negative Eigenschaften der Zahl 2

überfordert	gereizt
blockierend	egoistisch
geizig	ausgrenzend
Opferhaltung	

Die im deutschsprachigen Raum vielleicht bekannteste Person mit der Lebenszahl 2 ist sicherlich Helmut Kohl, unser Altbundeskanzler. Er wurde geboren am 3.4.1930, was die Lebenszahl (20/2) ergibt. Die bei ihm besonders starke Wirkung der Zahl 2 (sie kommt doppelt in der Lebenszahl vor) erkennt man daran, dass Kohl oft politische Lösungen durch das von ihm sozusagen erfundene »Aussitzen« herbeiführen wollte. Wie wir bei der Interpretation der 2 noch sehen werden, steht sie mit ihren Eigenschaft auch für das Sternzeichen Stier, das mit seinem Phlegma ebenfalls dazu neigt, erstmal abzuwarten und Tee zu trinken (oder noch besser: etwas zu essen).

Weitere bekannte Menschen mit der Lebenszahl 2, die sich um die Gemeinschaft verdient gemacht haben, sind zum Beispiel Pierre de Coubertin, der Neubegründer der Olympischen Spiele der Neuzeit, der Cartoonist und Humorist Loriot oder der Literaturkritiker Marcel Reich-Ranicki.

3

Berührende Emotion

Wenn sich bei der 2 alles um den materiellen Austausch zwischen zwei Personen dreht, dann geht es bei der 3 nun um die unsichtbare Wechselwirkung miteinander, unsere Gefühle und Emotionen, die ständig zwischen uns fließen. Die Zahl 3 ist ein sehr emotionales Wesen, das zu Anfang seines Lebens meist noch zu schüchtern und scheu ist, um anderen seine Gefühle zu zeigen.

+ Bewusst geworden, hat die reife 3 genügend Selbstbewusstsein, um den Mut zu haben, ihre Gefühle auszudrücken und sie anderen zu zeigen. Sie hat die besondere Fähigkeit, andere Menschen damit wirklich zu berühren. Sie gleicht dabei einer Blumenknospe, die endlich aufblüht und dabei mit ihrer Schönheit andere entzückt. Wie diese Gefühle ausgedrückt werden, kann sehr individuell sein, etwa als Singen, Tanzen, Musizieren, Töpfern, Malen oder Schreiben.

− Bleibt die 3 unbewusst, so wagt sie nicht, ihre Gefühle auszudrücken, und behält sie bei sich. Ihre Blumenknospe bleibt verschlossen, und sie wirkt auf die Umwelt eher wie eine graue Maus. Die Lebenszahl (30/3) ist davon besonders häufig betroffen. Eine 3, die sich der Welt nicht zeigt, ist überempfindlich und enttäuscht. Sich zu zeigen, würde ihren Selbstwert sehr erhöhen, andererseits braucht sie

51

eine gehörige Portion davon, um den Mut aufzubringen, ihre Gefühle wirklich zu offenbaren.

Positive Eigenschaften der Zahl 3

ausdrucksstark	empfindsam
schöpferisch	mitfühlend
kreativ	tolerant
berührend	

Negative Eigenschaften der Zahl 3

scheu	schüchtern
kontrolliert	zurückhaltend
überempfindlich	unscheinbar
in sich gekehrt	

Für die Lebenszahl 3 fällt es schwer, genau die eine Person herauszugreifen, der es in besonderer Weise gelungen ist, uns durch ihren Ausdruck von Gefühl zu berühren. Viele hervorragende Schauspieler, Künstler und Sänger fallen in diese Sparte. Beispiele sind die Schauspielerin Audrey Hepburn, Sängerin Lena Meyer-Landrut, Talkmaster Harald Schmidt, Schauspielerin Jodie Foster oder die Sängerin Rihanna.

Ich möchte aber noch gern einen langjährigen Freund von mir als Beispiel wählen, an dem mir am eigenen Leib die Kraft der Lebenszahl 3 deutlich wurde. Andreas ist von der Lebenszahl eine (30/3) und darum von der Energie der 3 gleich zweifach durchdrungen. Wie die meisten Vertreter dieser Lebenszahl wirkt er im Alltag recht unscheinbar und, ohne dies böse zu meinen, ein wenig wie die typische »graue Maus«. Im Normalbetrieb übersieht man ihn leicht. Dies ändert sich aber jedes Mal, wenn er anfängt, zu trommeln und zu singen. Dies ist seine Art, sich in seinen Gefühlen zu zeigen und dabei seine Knospe zu öffnen. Es berührt dabei alle Anwesenden sehr, und ich bin bei diesen Gelegenheiten immer wieder aufs Neue restlos begeistert von der inneren Schönheit einer Lebenszahl 3.

Anmerken möchte ich an dieser Stelle noch, dass die 9 Zahlen 1 bis 9 sich auch als 3 + 3 + 3 darstellen lassen, also 3 x 3. Diese 3 Zahlenreihen enden mit der 3, der 6 und der 9, die als Eckpunkte dieser drei Reihen für mich eine ganz besondere Bedeutung haben. Wir Menschen sind vor allem fühlende, schöpferische Wesen, deren tiefste seelische Aufgabe durch die Qualitäten der Zahlen 3, 6 und 9 erfasst werden können. Die 3 soll lernen, zu spüren und zu empfinden und diese Gefühle auszudrücken sowie sie schöpferisch der Welt zu zeigen. Die 6 soll lernen, die Welt zu lieben und zu akzeptieren, wie sie ist, und die Vollkommenheit auch in ihrer Unvollkommenheit, ihren Fehlern und Mängeln zu entdecken. Und die 9 schließlich, als höchste zu erreichende Zahl im Zahlenstrahl, verkörpert den Menschen in seiner höchsten Form und Lebensart, der fühlt und liebt und auf diese Art Weisheit über das Leben gewonnen hat, die er als Lehrer an andere Menschen weitergeben kann.

⋆ ✦ 4 ✦ ⋆

Strebsames Wirken

Um die Eigenschaften der 4 besser zu verstehen, lohnt sich ein Blick in die uns umgebende Welt ganz besonders. Denn hier kommt die 4 sehr häufig vor: die vier Ecken unseres Hauses, die vier Beine vieler Tiere, die vier Himmelsrichtungen. Die 4 repräsentiert unsere Welt, und darum möchte eine Lebenszahl 4 auf dieser Erde ganz besonders viel bewirken. Und sie hat die Fähigkeit dazu wirklich vom Himmel geschenkt bekommen!

✦ Bewusste 4er sind in der Lage, Schritt für Schritt und langsam ihr Lebenshaus aufzubauen. Dazu haben sie gelernt, geduldig zu sein, denn erst wenn die Bodenplatte des Neubaus nach ein paar Tagen fest und getrocknet ist, kann die erste Mauer gesetzt werden. Die Zahl 4 hat viel Einsatzfreude mitgebracht, die sie befähigt, große Ziele praktisch zu verwirklichen. Damit schenkt sie auch ihrer Umwelt Stabilität.

− 4er, die noch eher unreif sind, spüren zwar die großen Fähigkeiten, die in ihnen stecken, gehen jedoch zu schnell vor. Sie bauen darum oft auf Sand und müssen dann feststellen, dass sie scheitern. Dies passiert der 4 oft in der Jugend und führt dazu, dass sie gar nicht mehr an sich glaubt und kein Stehvermögen aufweist. Sie wirkt dann labil und verliert oft die Geduld, die zur Erreichung ihrer Pläne dringend nötig wäre.

Positive Eigenschaften der Zahl 4

leistungsbereit	strebsam
verantwortungsbewusst	ehrgeizig
motiviert	erfolgsorientiert
hartnäckig	

Negative Eigenschaften der Zahl 4

ungeduldig	schnell enttäuscht
gibt schnell auf	labil
unkonzentriert	ablenkbar/zerstreut
disziplinlos	

Welcher Mensch könnte wohl als Beispiel dafür dienen, ein »überlebensgroßes Werk« vollbracht und der Nachwelt hinterlassen zu haben? Hier habe ich drei Beispiele aus verschiedenen Bereichen herausgesucht.

Das größte Universalgenie, das die Menschheit bisher hervorbringen durfte, ist für mich ohne Zweifel Leonardo da Vinci, geboren am 15.4.1452 und damit eine Lebenszahl (22/4). Seine vielfältigen Begabungen als Erfinder, Mediziner, Künstler und Wissenschaftler sind einfach als großartig zu bezeichnen. Sein Werk wird sicherlich niemals vergessen werden. Der Unternehmer, der unsere computerdurchflochtene Zeit wahrscheinlich am meisten prägte und dabei ein beispielloses Imperium aufbaute, ist einer der reichsten Männer der Welt: Bill Gates, geboren am 28.10.1955 und somit ebenfalls eine (31/4). Und dann wäre da noch der Dalai Lama, der den tibetischen Buddhismus weltweit bekannt gemacht hat und der aktuell als bekannteste Persönlichkeit weltweit gilt. Er ist geboren am 6.7.1935 und damit eine (31/4).

Freiheitliches Streben

Das hauptsächliche Streben der Lebenszahl 5 ist die Suche nach Freiheit. Sie liebt es, ungebunden zu sein und vielen Interessen nachgehen zu können. Dabei ist sie sehr kontaktfreudig und kommunikativ. Jedoch kann sie keine Zerstreuung lange fesseln, wie ein Schmetterling flattert sie bereits nach kurzer Zeit weiter zur nächsten Ablenkung. Glücklich wird sie erst dann, wenn sie die nötige Disziplin aufbringen kann, der äußeren Ablenkung Ade zu sagen und nach innerlicher Freiheit zu suchen.

+ In ihrer reifen Ausprägung gelingt es der 5, mit Ausdauer und Disziplin den einen tiefen Brunnen zu bohren, der sie zu innerer Freiheit bringen kann. Sie erkennt, dass ihre Suche im Außen nur Ablenkung war. Durch die gewonnene innere Freiheit ist sie dann in der Lage, ihre vielen Begabungen zielgerichtet einzusetzen. Dann gelingt es ihr wirklich, frei und unabhängig zu werden.

– Die unbewusste 5 langweilt sich rasch und sucht sich immer neue Ablenkungen. Nichts kann sie lange begeistern. Sie ist zerstreut und schwankend in ihren

Interessen. Ihre äußere Orientierung lenkt sie von ihrer inneren Leere ab. Vor allem aber lehnt sie durch ihren übergroßen Freiheitssinn jede Form von Disziplinierung ab, weder durch andere noch durch sich selbst.

Positive Eigenschaften der Zahl 5

diszipliniert	ausdauernd
kommunikativ	kontaktfreudig
lebensfroh	humorvoll
interessiert	

Negative Eigenschaften der Zahl 5

undiszipliniert	ablenkbar
schwankend	ziellos
zerstreut	gelangweilt
haltlos	

Unter Prominenten ist die Lebenszahl 5 oft bei Menschen zu finden, die in der Öffentlichkeit stehen. Bekannteste Beispiele sind der Journalist und Showmaster Günther Jauch, *13.7.1956, Lebenszahl (32/5), das Universaltalent Hape Kerkeling *9.12.1964, Lebenszahl (32/5), oder der Urvater des deutschen Humors, Heinz Erhardt *20.2.1909, Lebenszahl (23/5).

Gern möchte ich an dieser Stelle auch auf meine eigenen Erfahrungen mit dieser Zahl zurückgreifen und verraten, woran ich 5er im Seminar oder im Bekanntenkreis untrüglich erkenne: Ihnen ist es schier unmöglich, lange stillzusitzen, etwa um eine längere Zeit zu meditieren. Das aber ist es gerade, was eine gute Methode sein könnte, innerlich frei zu werden. Darum ist es für 5er so eminent wichtig, sich selbst die dazu nötige Disziplin zu schenken. Wer als 5 so seine Probleme mit dem Stillsitzen hat, kann gerne auf Formen der Kontemplation zurückgreifen, die mehr Bewegung mitbringen, etwa Tai-Chi oder Gehmeditationen.

Wenn wir uns fragen, wo in unserer Welt die Zahl 5 in der Materie vorkommt, muss man etwas länger suchen. Den meisten fällt nur der Seestern ein. Dabei liegt die Antwort sozusagen auf der Hand – besser gesagt: in der Hand, die nämlich 5 Finger aufweist. In einer anderen Sichtweise repräsentiert die Zahl 5 darum den Menschen und steht deshalb im Zahlenstrahl 1 bis 9 genau in der Mitte, eingerahmt von 1-4 und 6-9. Denn der Mensch dient als Mittler zwischen Himmel und Erde und steht auch hier genau in der Mitte, zwischen sichtbarer und unsichtbarer Welt. Wahrscheinlich hat die 5 genau deshalb das Thema, innerlich frei zu werden, um damit die menschliche Entscheidungsfreiheit zu spiegeln, die der Himmel uns allen geschenkt hat.

Analytisches Verstehen

Die Lebenszahl 6 hat die Fähigkeit mit auf diese Welt gebracht, hinter die menschliche Fassade blicken zu können und so das Potenzial zu erkennen, das in ihr selbst wie den Menschen um sie herum schlummert. Die 6er haben darum einen Blick dafür, wie sie selbst und andere optimalerweise sein könnten – und verlangen darum sich und anderen viel zu viel ab. Sie können die vorhandenen Möglichkeiten einer Situation bestmöglich analysieren und darum auch für sich nutzen.

+ In ihrer positiven Ausrichtung sind Menschen mit der Lebenszahl 6 tolerant und liebevoll. Sie haben die menschlichen Schwächen bei sich und anderen erkannt und gelernt, diese zu akzeptieren. Sie besitzen einen angeborenen Sinn für Schönheit und erkennen die Vollkommenheit in jedem. Damit sind sie in der Lage, gut und gründlich zu arbeiten, ohne allzu perfektionistisch zu werden.

− In der unreifen Form ist die Zahl 6 überkritisch, penibel und genau. Sie hat ein übergroßes Ideal, wie sie oder andere Menschen zu sein haben, das unerfüllbar ist. Dabei verlangt sie sich und anderen viel zu viel ab und stellt Maßstäbe auf, vor denen jeder versagen muss. Nichts ist ihr gut genug, vor allem ist sie selbst ihr größter Kritiker.

Positive Eigenschaften der Zahl 6

rational	analytisch
genau	anpassungsfähig
tolerant	liebevoll
akzeptierend	

Negative Eigenschaften der Zahl 6

pedantisch	überkritisch
besserwisserisch	kritisierend
detailversessen	ablehnend
nörgelnd	

Bei der Suche, welche bekannte Persönlichkeit stellvertretend für die Lebenszahl 6 stehen könnte, bin ich auf zwei der berühmtesten Wissenschaftler gestoßen: Albert Einstein, geboren 14.3.1879, damit eine (33/6), und Galileo Galilei, geboren am 15.2.1564, was eine Lebenszahl (24/6) zur Folge hat. Beide zeichnete offenbar ein kluger, analytischer Geist aus sowie die Fähigkeit, genau und zielstrebig zu arbeiten – beides Tugenden, ohne die ein wissenschaftliches Arbeiten undenkbar wäre. Beide waren außerdem dazu in der Lage, das Große und Ganze zu erkennen. Galilei eher im kosmischen Sinne durch die Entdeckung der Drehung der Planeten um die Sonne, Einstein dagegen im Wechselwirken der Atome und kleinsten Teilchen untereinander, wie es die von ihm erschaffene Quantenphysik beschreibt.

Mit der 6 endet die zweite der drei Dreierreihen 1 bis 3, 4 bis 6 und 7 bis 9, durch die sich die Zahlenfolge 1 bis 9 darstellen lässt. Die 6 steht im positiven Sinn für die Fähigkeit, akzeptieren und lieben zu lernen, wo unreifere Persönlichkeiten noch in der Kritik und dem Perfektionswahn verfangen sind. Dies wirkt auf den ersten Blick nur wie eine innere Haltung und kommt eher passiv daher. Wer sich mit der Kraft der Liebe aber etwas näher auseinandersetzt, der erkennt das wichtigste kosmische Wirkprinzip dahinter. Auf ihm basiert übrigens auch das »Bestellen beim Universum«. Denn schon im ersten gleichnamigem Buch dazu heißt es: »Die größte Fähigkeit zum Bestellen resultiert aus der vollkommen Akzeptanz dessen, was gerade geschieht.« In der Liebe ist damit ein Geheimnis verborgen, das Dinge verändern und Probleme auf einfache Weise aufzulösen vermag.

Verletzliche Intuition

In ihrer Ausrichtung ähnelt die Lebenszahl 7 am meisten der Zahl 3. Wenn aber die Zahl 3 lernen soll, ihre Gefühle ausdrücken, so ist die Aufgabe der 7 noch ungleich schwieriger: Sie soll sich ihrem Feingefühl, ihrer Intuition öffnen und ihr immer mehr vertrauen. Solche Menschen sind so feinfühlig, dass sie die Stimmungen und Energien anderer Menschen aufsaugen wie ein Schwamm. Dann fühlen sie zwar das andere, haben aber kein Gespür mehr für sich selbst. Es ist darum wichtig für die 7, viel Zeit mit sich allein zu verbringen, um sich »auszuleeren« und wieder selbst spüren zu können. Besonders wichtig ist es daher für die 7, viel Zeit in der freien Natur zu verbringen. Ihr Feingefühl schenkt diesen Menschen eine angeborene Diplomatie sowie einen ausgeprägten Sinn für Schönheit.

✦ In der bewussten Ausprägung hat die 7 gelernt, trotz ihrer großen Verletzlichkeit offen zu bleiben, um die sehr feinen Antennen ihrer Intuition nutzen zu können. Sie vertraut ihrer inneren Stimme und folgt ihr. Sie hat damit den Zugang zu ihrer inneren Weisheit gefunden und teilt sie mit anderen Menschen.

− In ihrer unbewussten Form ist die 7 nachtragend und wirft ihrer Umwelt vor, sie verletzt zu haben und ihr Kummer zu bereiten. Sie verschließt sich vor der Welt, die ihr mit vielen Grobheiten Angst bereitet. Sie zieht sich in sich selbst zurück und vertraut weder sich selbst noch anderen.

Positive Eigenschaften der Zahl 7

feinfühlig	emotional
intuitiv	kreativ
ausdrucksstark	diplomatisch
elegant	

Negative Eigenschaften der Zahl 7

überempfindlich	verletzlich
nachtragend	ängstlich
verträumt	sprunghaft
hysterisch	

Unter den bekannten Persönlichkeiten mit der Lebenszahl 7 möchte ich Ludwig van Beethoven herausgreifen, einen der größten Musiker aller Zeiten. Geboren am 16.12.1770, ist er eine Lebenszahl (25/7). Da er bereits mit 27 Jahren schwerhörig wurde, konnte er seine eigene Musik immer schlechter selbst wahrnehmen. Stattdessen »hörte« er sie in seinem Inneren als eine Art Intuition, die er nur noch aufschreiben musste. Auffallend häufig finden wir durch das diplomatische Geschick der Zahl 7 hier außerdem Politiker, zu nennen wären Merkel, Putin, Genscher, Schäuble oder Stoiber. Und der Schönheitssinn der Zahl 7 schenkt uns einige der hübschesten Frauen wie Marilyn Monroe oder Julia Roberts, die beide die Lebenszahl 7 haben.

Wenn wir nachschauen, wo die Zahl 7 in der materiellen Welt vorkommt, dann müssen wir lange nach ihr suchen. Sie entstammt eher dem Unsichtbaren, aus dem unsere Intuition schöpft und von dem Märchen berichten, wo die 7 Zwerge hinter den 7 Bergen wohnen. Die 7 ist damit eindeutig nicht von dieser Welt, zeigt uns aber netterweise, wie wir Zugang zu ihr bekommen können.

✦ ★ 8 ★ ✦

Charismatische Kraft

Menschen mit der Lebenszahl 8 sind in diesem Leben, um sich ganz besonders mit dem Thema Macht auseinanderzusetzen, in dem ja die Zahl (M)acht treffenderweise schon versteckt ist. Häufig fühlen sie sich in der unreifen Form oder zu Beginn ihres Lebens machtlos, um erst langsam in ihre machtvolle Rolle hineinzuwachsen. Am besten versteht man die Zahl 8 mit Hilfe des

Ausspruchs von Henry Ford: »Ob du glaubst, du kannst es, oder ob du glaubst, du kannst es nicht, du hast Recht!« Das Leben dieser Menschen gestaltet sich abhängig davon, was sie von sich glauben. Und dieser Glaube versetzt dann Berge – oder eben nicht. Das ist zwar allgemeingültig und gilt für alle Menschen; für die Lebenszahl 8 ist dies aber die besondere Herausforderung. Menschen mit der Zahl 8 haben eine große Ausstrahlungskraft und verfügen über ein immenses Charisma.

✦ In der entwickelten Art ist sich die 8 über die Macht bewusst, die in ihrer Vorstellungskraft wohnt, und stellt sie in den Dienst der Allgemeinheit. Sie kann geschickt mit Macht umgehen und weiß, wo sie sich durchsetzen oder wo sie eher nachgiebig sein sollte. Ihre Ausstrahlung verschafft ihr eine natürliche Autorität und Anerkennung.

— Die unreife 8 hat den Glauben zu sich selbst noch nicht in sich gefunden und wirkt darum nach außen schwach und labil. Sie fühlt sich ohnmächtig und kann mit Macht und Autorität nicht umgehen, weder bei sich noch bei anderen. Sie lernt erst langsam, mit der Anerkennung durch andere umzugehen und den eigenen Erfolg zu ertragen und zuzulassen.

Positive Eigenschaften der Zahl 8

energiegeladen	schöpferisch
zuversichtlich	machtvoll
verantwortungsvoll	charismatisch
Glaubenskraft	

Negative Eigenschaften der Zahl 8

schwach	labil
ohnmächtig	zweifelnd
zögerlich	frustriert
manipulierend	

Unter allen Vertretern der Lebenszahl 8 sticht für mich Nelson Mandela heraus, geboren am 18.7.1918 und damit eine (35/8). Obwohl er 27 Jahre im Gefängnis war, gelang es ihm durch seinen Glauben und seine geistige Kraft, sogar gestärkt aus dieser Zeit hervorzugehen. Später wurde er Präsident von Südafrika. Er sagte: »Jeder kann über seine Umstände hinauswachsen und erfolgreich sein, wenn er nur entschlossen und leidenschaftlich genug ist in dem, was er tut.« Weitere bekannte Vertreter dieser ausdruckskräftigen Zahl sind der Maler und Bildhauer Michelangelo, der Maler Pablo Picasso oder die derzeit sehr populäre Schlagersängerin Helene Fischer.

Lebendige Weisheit

In der Zahlenfolge von 1 bis 9 ist die Lebenszahl 9 die letzte und somit höchste, und das natürlich nicht ohne Grund. 9er streben nach dem Höchsten, wollen das Ideal selbst verkörpern, das ein Mensch auf dieser Welt einnehmen kann. Sie suchen nach den wahren

Werten und Grundsätzen des Lebens und geben diese dann an andere weiter. Ihre gewonnene Weisheit schenkt ihnen ein hohes Maß an Ethik und Moral.

+ Die 9 in ihrer bewussten Form hat in ihrem Streben nach Selbstverwirklichung zu sich selbst gefunden. Sie hat ein natürliches Charisma und wird zum Vorbild für andere. 9er gehen mit gutem Beispiel voran und werden so oft zum Lehrer oder »Guru« im positiven Sinne. Dabei gelingt es ihnen, durch Worte ebenso zu leiten wie durch ihre Taten.

– In der unerlösten Form ist die 9 noch auf der Suche nach sich selbst. Dazu geht sie zu immer neuen Lehrern, ohne dort jedoch wirklich Befriedigung zu finden. Auf diesem Weg entdeckt sie jedoch, welche Lehre sie von jedem Vorbild für sich mitnehmen kann, wird dabei langsam klüger und weiser und dann irgendwann selbst zum Vorbild für andere. Sie erkennt, wie ihr natürlich gelebtes Vorbild immer dazu führen wird, dass andere Menschen ihr folgen – und dies im Guten wie im Schlechten.

Positive Eigenschaften der Zahl 9

schöngeistig	philosophisch
anspruchsvoll	weise
vorbildlich	verantwortungsvoll
Streben nach Selbstverwirklichung	

Negative Eigenschaften der Zahl 9

idealisierend	unstet
weltfremd	orientierungslos
verwirrt	abwesend
irrational	

Der indische Lehrer Mahatma Gandhi stellt für mich den wohl besten Archetypen der Zahl 9 dar. Er ist tatsächlich von seiner Lebenszahl her eine 9 (und zwar eine (27/9)), sein Geburtstag ist der 2.10.1869. Als ein Schüler zu ihm kam und fragte, wie er von seiner Sucht nach Zucker befreit werden könnte, sagte Mahatma ihm: »Komm in 6 Wochen wieder!« Als der Schüler nach dieser Zeit zurück zum Meister kam, fragte er natürlich, warum er gerade diese Zeitspanne von ihm fernbleiben sollte. Gandhi antwortete: »Wie soll ich dich etwas lehren, das ich selbst noch nicht weiß?« Er hatte diese Wochen benötigt, um zunächst selbst zu lernen, ohne die Süße des Zuckers auszukommen.

Weitere bekannte Vertreter dieser Lebenszahl sind Mutter Teresa, Carl Gustav Jung, Johann Sebastian Bach oder Albert Schweitzer. Wahrhaft eine illustre Riege von Menschen, die für viele andere zum Vorbild geworden sind.

Mit der 9 endet die Zahlenreihe 1 bis 9 und damit auch die drei Dreierfolgen 1-3, 4-6 und 7-9. Menschen mit der Lebenszahl 9 sind hier, um die höchste Stufe des Menschseins erreichen zu können. Ihr Charisma beruht darauf, dass sie alle Stufen der vor ihnen liegenden Zahlen 1-8 durchwandert und integriert haben. Dabei haben sie besonders gelernt, bei der 3 Gefühle zu spüren und auszudrücken und bei der 6 sich und andere zu lieben und zu akzeptieren. Die 9 fühlt und liebt und findet so zu einer Weisheit und moralischen Größe, die sie zu einem authentischen Lehrer werden lässt.

Nachdem wir nun alle Lebenszahlen kennengelernt haben, wird wohl besonders an der Zahl 9 deutlich, dass die steigende Abfolge der Zahlen 1 bis 9 einen Pfad beschreibt, den wir als Menschen alle zu gehen haben. Auf unserem Lebensweg sind wir dabei herausgefordert, die Qualitäten aller Zahlen in uns kennenzulernen und bestmöglich zu integrieren. Die eine, ganz bestimmte Lebenszahl, die sich aus unserem Geburtsdatum errechnet, ist dabei aber die größte Herausforderung, die wir uns als Seele für dieses Lebens herausgepickt und vorgenommen haben.

Diese einzelnen Qualitäten und Fragen unseres Lebensweges sind dabei je nach Lebenszahl:

1: Wie finde ich Zugang zur Quelle meiner Lebensenergie, und wie setze ich sie sinnvoll und schöpferisch ein?

2: Wie lerne ich, diese Lebensenergie mit anderen zu teilen, um eine harmonische Gemeinschaft zu ermöglichen?

3: Wie gelingt es mir, meine Gefühle zu zeigen und auszudrücken, um andere Menschen damit zu berühren?

4: Wie gelange ich geduldig und schrittweise an meine großen Ziele?

5: Wie bringe ich genügend Selbstdisziplin auf, um innerlich wirklich frei werden zu können?

6: Wie akzeptiere und liebe ich mich und andere trotz aller offensichtlichen Fehler und Mängel?

7: Wie verbinde ich meine Intuition mit meiner Verletzlichkeit, um offen für meine Eingebungen bleiben zu können?

8: Wie nutze ich die Kraft meiner Gedanken zum Wohle für mich und andere?

9: Wie gelange ich zu Weisheit und werde zu einem guten Vorbild?

Hier zum Abschluss noch einige Lebenszahlen, die eine spezielle Erwähnung verdienen:

Besonders sind zum einen die vier Lebenszahlen (10/1), (20/2), (30/3) und (40/4). (Die (10/1) kommt erst nach dem Übergang ins neue Jahrtausend nach 1999 vor.) Bei all diesen Zahlen ist die Herausforderung, sich quasi selbst am eigenen Zopf aus dem Sumpf zu ziehen, denn zum Beispiel die (20/2) soll lernen, die 2 als Lebenszahl ins Licht zu bringen, ihr steht aber nur die 2 selbst zur Verfügung, um dies zu lernen. Die 2 soll aus sich selbst heraus ergründen, eine 2 zu werden, was durchaus besonders schwierig sein kann. Denn keine andere Qualität hilft ihr dabei. Die Null aber wartet als Belohnung am Ende dieses Lebensweges als innere oder

»göttliche« Gabe darauf, wirken zu dürfen. Die 2, ins Licht gebracht, bekommt sozusagen als himmlisches Geschenk die Null mit dazu, um die Fähigkeit zum harmonischen Miteinander noch besser auf diese Welt bringen zu können. Ebenso verhält es sich bei den anderen Zahlen, die (10/1) wird durch die Null noch energetischer und erfindungsreicher, die (30/3) noch ausdrucksstärker, die (40/4) schließlich noch strebsamer und verantwortungsvoller.

Die Null hat die Form eines Kreises und kann für mich am besten beschrieben werden mit dem taoistischen »Nichts, in dem alles enthalten ist«. Mathematisch erkennt man dies an der Eigenschaft, dass sie zwar allein stehend als einzelne Null wirklich keinen eigenen Wert hat, aber jede andere Zahl vergrößert, wenn sie dahinter geschrieben wird. Die Null adelt zum Beispiel die 1 damit zur 10, zur 100 oder zu 1000. In der Null, dem Tao, ist somit alles enthalten – kann aber erst so richtig wirken, wenn im Licht die betreffende Zahl anfängt, aus sich selbst zu strahlen.

Ähnlich verhält es sich bei den anderen vier Zahlen, in denen die Null diesmal hinter dem Schrägstrich in der Lebenszahl verstärkend wirksam werden kann. Dies sind die (19/10), (28/10), (37/10) und die (46/10). Als Ausnahme bleibt hier die doppelte Lebenszahl stehen, ohne sie zur 1 + 0 = 1 zusammenzuaddieren. Wie eben gilt hier, dass die Null in diesem Fall die Lebenszahl 1 mit ihren Gaben noch verstärkt und unterstützt, wenn die Aufgabe erfüllt und die zweistellige Zahl vor dem Schrägstrich mit Licht durchflutet wurde. Solche Lebenszahlen

(10) bekommen dann durch die Null besonders viel schöpferische Lebensenergie der 1 geschenkt.

Erwähnt werden sollten hier auch noch die doppelte 1 als Summe in verschiedenen Lebenszahlen: (29/11), (38/11) und (47/11). Hier bleibt diese doppelte Zahl 1 als 11 ausnahmsweise ebenfalls stehen und wird nicht zur 2 addiert. Dies soll verdeutlichen, dass sich bei dieser Lebenszahl die Energie der 1 verdoppelt, wenn die Gaben und Aufgaben der vor dem Schrägstrich stehenden Zahlen ins Licht gebracht werden. Bei den 108 Typen, die ich später beschreibe, führe ich die Zahl 11 darum unter der Lebenszahl 1 auf.

Diese doppelten Zahlen können auch beim Zusammenzählen des Geburtsdatums vor dem Schrägstrich erscheinen, und zwar als (11/2) (aber erst wieder nach 1999 und nicht vorher), (22/4), (33/6) sowie (44/8). Bei diesen vier Lebenszahlen spricht man von »Meisterzahlen«, da hier die Herausforderungen des betreffenden Lebensweges besonders ausgeprägt sind und die Qualität der bestimmten Zahl 1, 2, 3 oder 4 vor dem Schrägstrich zur Meisterschaft gebracht werden soll. Da diese Zahlen doppelt vorkommen, ist ihre Wirkkraft auf die resultierende Lebenszahl hinter dem Schrägstrich (2, 4, 6 oder 8) besonders ausgeprägt.

Schließlich möchte ich noch eine letzte Ausnahme erwähnen, und zwar die Zahlen (39/12/3) und (48/12/3). Auch hier kommt beim Zusammenzählen der Quersummen eine zweistellige Zahl vor, und zwar die 12. Hier bilde ich aber wieder die Quersumme zur letztendlichen Lebenszahl 3 und lasse die 12 nicht stehen. Allgemein werden diese beiden Lebenszahlen mit der 12 als Quersumme Ideen (Zahl 1) haben, die sie dann selbst mit Hilfe von anderen umsetzen können (2). Beide Zahlenkombinationen sind relativ selten. Bei den Prominenten, die ich bei den 108 Typen beschreibe, habe ich diese beiden Lebenszahlen unter der letztlichen Quersumme 3 aufgeführt.

Kapitel 5

ZUR VERBINDUNG DES STERNZEICHENS MIT DEINER LEBENSZAHL

Deine Lebenszahl ist dir nun bekannt und du weißt außerdem, wie du die Lebenszahlen deines Bekanntenkreises errechnen kannst. Jetzt möchte ich dir zeigen, welcher Zusammenhang zwischen ihnen und der Astrologie besteht.

Sowohl die Astrologie wie auch die Numerologie haben grundsätzlich dasselbe Ziel, sie möchten die Verhaltensweisen und Charakterzüge des Menschen einfach abbilden und verständlich machen. Natürlich sind die beiden Systeme verschieden, und während in der Astrologie zwölf unterschiedliche Charakteristiken beschrieben werden, sind es in der Numerologie nur neun. Sie schauen, wenn auch aus unterschiedlichen Blickwinkeln, jedoch beide auf die möglichen Lebensweisen von uns Menschen, und darum weisen beide Systeme ganz selbstverständlich viele Ähnlichkeiten auf. Wie wir gleich sehen werden, wirken sowohl die Sterne wie auch die

Zahlen in gleicher Weise auf einen Menschen ein. In ihrer Wirkung können sie sich darum manchmal verstärken, in einem anderen Fall dagegen auch gegenseitig abschwächen. In seiner Deutung ähnelt mein System der Zahlen und Sterne der Kombination des Sternzeichens mit dem jeweiligen Aszendenten in der Astrologie. Hier sind ebenfalls viele Kombinationen möglich, wie etwa Widder-Sonne mit Widder-Aszendent, was in diesem Beispiel selbstverständlich dazu führt, dass sich die Energien des Widders bei diesem Menschen verstärken. Kurz gesagt entspricht der Aszendent der Anlage des Menschen, die er von Geburt mitgebracht hat, und der Sonnenstand beeinflusst in der Folge, wie jemand diese bestimmte Anlage dann ins Leben bringt und auslebt.

In ähnlicher Form ermöglicht es nun die Kombination der Lebenszahlen mit der Astrologie, detailliertere Aussagen über einen Menschen machen zu können, als es mit einem der beiden Systeme allein möglich wäre. Gleich werde ich dir zunächst die wichtigsten Eigenschaften der Sternzeichen beschreiben und im Anschluss vorstellen, welchen Einfluss die Lebenszahlen auf diese Eigenschaften haben können. Jedes Zeichen bekommt darum eine Zuordnung zu einer Lebenszahl, etwa »Widder mit der Lebenszahl 1«, »Widder mit der Lebenszahl 2« usw. Da es 9 Lebenszahlen gibt, erhält jedes Sternzeichen 9 dieser Zuordnungen. Bei 12 Sternzeichen ergeben sich damit 12 x 9 Kombinationen von Zahlen und Sternen, 108 also insgesamt. Jede dieser Kombinationen beschreibe ich dir gleich im Anschluss an die Beschreibung der Sternzeichen so kurz und prägnant wie möglich. Du kannst dann deinen eigenen Typ heraussuchen wie auch die Typen von Freunden und Bekannten und schauen, wie gut die Beschreibungen zutreffen. Ich wünsche dir viel Spaß dabei und ganz viele nette Aha-Erlebnisse!

Beginnen wir aber zunächst mit einer eher spielerischen Annäherung an die einzelnen Sternzeichen. Bei meiner Suche nach ebenso kurzen wie gut zutreffenden Beispielen aus dem realen Leben habe ich zwei entdeckt, die ich gern in meinen Seminaren zur Vorstellung der Astrologie einsetze. Schau doch mal, ob du dich und deine Bekannten hier wiederentdeckst.

Fallbeispiel: Zwei Menschen haben sich am Abend kennengelernt, ausnehmend gut verstanden und landen, wie das Leben so spielt, miteinander im Bett. Was sagt nun ein bestimmtes Sternzeichen typischerweise nach dieser Nacht?[7]

Widder:	Los, machen wir es noch mal!
Stier:	Ich bin hungrig, wollen wir uns eine Pizza kommen lassen?
Zwilling:	Reich mir doch mal die Fernbedienung rüber.
Krebs:	Willst du mich heiraten?
Löwe:	Ich war mal wieder toll, findest du nicht auch?

---

7) Siehe Literaturhinweis, Seite 245.

Jungfrau: Und jetzt schnell noch duschen und die Betten frisch beziehen …

Waage: Für mich war es schön, wenn es für dich schön war.

Skorpion: O.K., ich sollte dich wohl jetzt langsam mal losbinden …

Schütze: Ruf mich auf keinen Fall an! Lass mich auf jeden Fall bei dir anrufen!

Steinbock: Sag mal, hast du eigentlich eine goldene Kreditkarte?

Wassermann: Lass es uns das nächste Mal ohne Kleider ausprobieren.

Fisch: Entschuldige, wie war noch mal dein Name?

Dieses Beispiel ist natürlich leicht überzogen, aber vielleicht musstest du an der einen oder anderen Stelle doch ein wenig schmunzeln. Wie es so schön heißt, Selbsterkenntnis ist der erste Weg zur Besserung, und die Aufgabe dieser kleinen Beispiele aus dem Leben liegt genau eben hier. Wie wir bei der näheren Beschreibung der Sternzeichen gleich sehen werden, hat ein jedes positive und negative Seiten zugleich. Das war ja schon bei den Lebenszahlen so. Wie und in welchem Ausmaß diese Seiten nun gelebt werden, hängt von der Selbsterkenntnis oder Reife des betreffenden Menschen ab.

Was ich damit sagen möchte, ist: Niemand ist grundsätzlich »falsch« oder »schwierig«, sondern jeder Charaktertyp besteht aus Veranlagungen, die gleichzeitig Fähigkeiten wie Herausforderungen in sich bergen. Viele Menschen sind geradezu erleichtert, wenn sie erkennen, dass sich hinter ihren vermeintlichen Problembereichen ihre persönlichen Gaben und Potenziale verstecken. Es muss ihnen nur gelingen, diese Schatztruhe zu sehen und zu öffnen. Dazu soll dieses Buch ganz besonders dienen.

Wo Licht ist, da muss auch Schatten sein. In der Dualität der Welt, in der wir leben, ist es anders einfach nicht möglich. Einen »negativen Aspekt« bei deinem Sternzeichen (oder dem Sternzeichen von jemand anderem) solltest du darum bitte nicht verdammen oder als schlecht ansehen, sondern einfach als einen Schatten, der nur entstehen kann, weil er mit ebenso viel Licht verbunden ist. Das Licht ist es, das den Schatten erzeugt hat. Und darum ist jede vermeintliche Schwäche eines Zeichens untrennbar mit seiner Stärke verbunden. Es liegt nur an uns, wie und mit welcher Ausprägung wir diese Eigenart eines Sternzeichens mit Leben versehen.

»Es gibt nichts Gutes, außer man tut es«, sagte Erich Kästner so treffend. Schauen wir uns doch in diesem Sinne die guten Seiten der vermeintlichen Schwächen bei den einzelnen Sternzeichen einfach mal der Reihe nach an:

Der Widder ist sehr energisch. Je nachdem, wie dosiert er diese Energie einsetzt, wirkt er auf andere entweder aggressiv oder einfach nur durchsetzungsfähig.

Der Stier bewahrt und schützt. Dies kann in seinem Umfeld je nach gelebter Ausprägung als zu bequem und phlegmatisch angesehen werden oder als geduldig und zuverlässig.

Der Zwilling ist sehr kommunikativ. Diese Eigenschaft kann im Übermaß als tratschend und ruhelos, dosiert gelebt jedoch auch als neugierig und offen interpretiert werden.

Der Krebs fühlt vor allem. Dies kann die Spannweite von Überempfindlichkeit bis Feinfühligkeit annehmen, je nach Lebensart.

Der Löwe findet sich einfach toll. Er kann dies als Unart leben, immer im Mittelpunkt stehen zu müssen, oder einfach als gesundes Selbstbewusstsein, das er zur Schau stellt.

Die Jungfrau mag es ordentlich. Darum ist hier die überpenible Perfektionistin genauso zu finden wie die exakte Korrekturleserin, vielleicht sogar in derselben Person.

Die Waage bringt in Harmonie. Diese Fähigkeit kann zum einen bedeuten, immer zu allen nur nett sein zu wollen, im anderen Fall ist es jedoch auch eine grandiose Fähigkeit zur Diplomatie.

Der Skorpion ist willensstark. Sein Spektrum kann damit von besitzergreifender Rücksichtslosigkeit bis hin zu disziplinierter Entschlossenheit reichen, je nach Bewusstheit des Menschen.

Der Schütze sammelt Wissen. Hier ist der weltfremde Gelehrte im Elfenbeinturm ebenso zu finden wie der Visionär, dessen Ideen die Welt zum Guten hin verändern, je nachdem wie er seine Anlagen lebt.

Der Steinbock dient seinem Werk. Er kann darauf beharren, alles nur alleine machen zu müssen, oder ein Vorbild für Ehrgeiz und Fleiß werden, abhängig davon, wie reif er seine Begabung nutzt.

Der Wassermann erneuert und verändert. Dies tut er in Form des eigenwilligen Rebellen oder als toleranter Reformator, wie auch immer seine Interpretation dieses Zeichen sein mag.

Der Fisch ist intuitiv. Diese Intuition kann er im übersensiblen Tagträumer ebenso ausleben wie im phantasievollen Künstler, es bleibt seine Wahl.

Abschließend möchte ich dir noch gern einen kleinen Überblick über die Zusammenhänge der Lebenszahlen mit den Sternzeichen geben, die dir beim weiteren Lesen hoffentlich hilfreich sein werden. Da es wie gesagt 12 Sternzeichen, jedoch nur 9 Lebenszahlen gibt, werden die Eigenschaften einer Lebenszahl manchmal durch mehrere Sternzeichen repräsentiert. Da du die 9 Lebenszahlen ja nun bereits kennst, kann dir dieser Zusammenhang beim Kennenlernen der Sternzeichen vielleicht von Nutzen sein. Natürlich ist diese Einordnung etwas gröber, um sie einfacher darstellen zu können.

1: entspricht dem Widder/Wassermann-Prinzip: voller Energie wie der Widder, einfallsreich wie ein Wassermann.

2: entspricht dem venusischen Stier/Waage-Prinzip: gruppenorientiert wie ein Stier, ausgleichend und harmonisierend wie eine Waage.

3: das Zwilling/Krebs-Prinzip: kommunikativ wie ein Zwilling, gefühlvoll wie ein Krebs.

4: das Prinzip Steinbock: leistungsbereit wie ein Steinbock.

5: das Zwilling/Löwe-Prinzip: interessiert wie ein Zwilling, selbstbewusst wie ein Löwe.

6: das Prinzip Jungfrau: analytisch wie eine Jungfrau.

7: entspricht dem Waage/Fisch-Prinzip: harmonisierend wie eine Waage, intuitiv wie ein Fisch.

8: das Skorpion-Prinzip: machtvoll wie ein Skorpion.

9: das Schütze-Prinzip: vorbildhaft wie ein Schütze.

Kombinieren wir nun die Sternzeichen mit den Zahlen, so können sie sich manchmal in ihrer Kraft gemeinsam unterstützen, mitunter jedoch auch gegenseitig schwächen. Eine Waage mit der zu ihr gut passenden Lebenszahl 7 wird ihre Intuition betonen und besser ausleben können als beispielsweise eine Waage mit der eher verstandesbetonten Lebenszahl 6. Bei den einzelnen Beschreibungen der jeweiligen Typen gehe ich im Folgenden näher darauf ein. Zuerst beschreibe ich das betreffende Sternzeichen, danach jeweils alle 9 möglichen Kombinationen dieses Sternzeichens mit den 9 Lebenszahlen. Es resultieren daraus wie gesagt 12 x 9 = 108 Typen, zu denen ich immer eine oder mehrere bekannte Persönlichkeiten herausgesucht haben, die die Eigenheiten des Typs charakterisieren sollen.

Die Charakteristiken dieser Typen beschreiben eine Art Rahmen, in dem sich die Persönlichkeit des betreffenden Menschen entwickeln kann. Wie genau sich jemand dann entscheidet, diesen Rahmen mit Leben zu füllen, bleibt der Freiheit jedes Menschen selbst überlassen. So finden sich zum Beispiel unter dem Zeichen Steinbock viele Menschen, die Verantwortung übernehmen, aber jeder tut es auf seine spezielle Weise. So gehören zum Typ Steinbock mit der Zahl 1, der sehr durchsetzungsfähig ist, der Menschenrechtler Martin Luther King, der große Physiker Isaac Newton und der Formel-1-Rennfahrer Michael Schuhmacher. Jeder hat sich in seinem Bereich bis an die Spitze gekämpft und wurde zum Vorreiter, sei es nun in der Politik, in der Wissenschaft oder im Sport.

Ich habe mich entschieden, jeweils eine oder mehrere bekannte Persönlichkeiten zu den einzelnen Typen herauszusuchen, um es dir beim Lesen einfacher zu machen, den Rahmen zu erkennen, den jeder Charakter steckt. Wenn du also deinen Typ gefunden hast, lohnt es sich bestimmt, dir den dort beschriebenen Prominenten etwas genauer anzusehen und mehr über ihn in Erfahrung zu bringen. Vielleicht entdeckst du dann auch Übereinstimmungen zu dir und deinen Lebenserfahrungen.

Ebenso empfiehlt es sich, dann in deinem Freundes- und Bekanntenkreis nachzusehen, welchem der 108 Typen ein Nachbar oder Arbeitskollege angehört, um mehr über diesen Charakter herauszufinden. Ich kann dich nur ermuntern und sagen, ich selbst habe beim Studium dieser Typen in meinem Umfeld immer wieder kleine und große Aha-Erlebnisse gehabt.

Donald Trump zum Beispiel, den viele als neuen Präsidenten der Vereinigten Staaten kritisieren, liebt als Zwilling alles, was mit Technik und Kommunikation zu tun hat und benutzt darum gerne Twitter für seine Meinungsäußerungen, die, in der mehr unbewussten Ausprägung des Zwillings, gern mal in Klatsch und Tratsch ausarten. Das mag gewöhnungsbedürftig erscheinen, aber schauen wir auf seine anderen, guten Anlagen, dann ist er mit der Zahl 4 sehr strebsam und geschäftstüchtig und kennt sich im Wirtschaftsleben bestens aus. Und mit der Fähigkeit des Zwillings, Netzwerke zu knüpfen, überspringt er gerade Gräben zu anderen Nationen wie Russland oder Nordkorea, die schon seit Jahrzehnten bestehen. Niemand ist nur schlecht oder negativ, und gerade ein sehr dunkler Schatten kann nur dort entstehen, wo das Licht besonders hell scheint.

In diesem Sinne sollten diese Typen verstanden werden, das wäre mein Wunsch. Jeder von uns ist auf dem Weg, durch die gewonnene Lebenserfahrung reifer und bewusster mit sich und anderen umzugehen, und wer das Licht im anderen immer mehr erkennen kann, der ist von der Entdeckung seines eigenen guten Kerns sicher nicht mehr allzu weit entfernt.

Noch ein kleiner Lesehinweis: Bevor du deinen eigenen Charakter unter den 108 Typen heraussuchst und liest, wäre sicher sinnvoll, zuerst noch einmal unter deiner Lebenszahl nachzulesen. Als Nächstes lies dann bitte den Text zu deinem Sternzeichen und dann erst die Beschreibung deines Charakters. Um das Buch übersichtlicher zu gestalten, habe ich bei deinem Typ nur das Resultat der Wechselwirkung zwischen deiner Lebenszahl und deinem Sternzeichen aufgeführt. Sonst würde sich einfach zu viel wiederholen. Behalte also bitte beim Lesen deines Typs (oder der Typen, die du für deine Familie und Freunde nachschaust) immer sowohl deine Lebenszahl wie auch dein Sternzeichen mit im Hinterkopf, dann wird dir deine Kombination noch ein wenig klarer.

Kapitel 6

DIE 108 TYPEN ~ DIE KOMBINATIONEN VON STERNZEICHEN UND LEBENSZAHL

Sternzeichen Widder
21.3. bis 20.4.

Positive Verhaltensweisen,
der Widder in seiner bewussten, reifen Form:

energiegeladen

durchsetzungsfähig

abenteuerlustig

unabhängig

selbstbewusst

mutig

direkt

Negative Verhaltensweisen,
der Widder in seiner unbewussten, unerlösten Form:

impulsiv

selbstbezogen

egoistisch

ungeduldig

aggressiv

neidisch

Der Widder verkörpert das erste Prinzip im Tierkreis und steht damit für den Neubeginn, den Anfang, die Durchsetzung. Widder sind auf dieser Welt, um Abenteurer zu sein, Entdeckungen zu machen und neue Impulse zu setzen. Sie lieben den Wettstreit und die Reibung mit den anderen und definieren sich sogar über die Auseinandersetzung. Sie sind damit sehr konkurrenzorientiert und wollen unbedingt und voller Ehrgeiz gewinnen. Widder sind zudem unabhängigkeitsliebend und haben eine Abneigung gegen jede Form von Vereinsmeierei. Sie lassen sich nicht gerne festlegen, da dies ihre Freiheit einengen würde. Menschen mit diesem Zeichen verfügen über eine überdurchschnittliche seelische Robustheit. Vorsicht ist jedoch dabei geboten, denn auch wenn die Widder für Energie, Kraft und Auseinandersetzung stehen, so werden selbst sie irgendwann feststellen müssen, dass ihre Energie nicht unerschöpflich ist: Schon so mancher Widder hat mit seiner Energie so lange Schindluder getrieben, bis er wahrhaftig am »Ende seiner Kräfte« war und auf dem Zahnfleisch ging.

Dieses Sternzeichen zeigt noch eine durch keine schlechte Erfahrung belastete Initiative und will darum immer und überall etwas in Gang und nach vorne bringen. Es ist gänzlich erfüllt von Willen und Vorwärtsstreben. Der Widder geht auf andere zu und wagt den ersten Schritt. Er sieht die Welt mit den Augen des Veränderers, der alles seinem Willen untertan machen möchte. Seine Begeisterungsfähigkeit und sein Optimismus sind grenzenlos, ebenso wie sein Glaube an sich selbst. Für seine Ideen ist er zu großen Selbstopfern fähig und bereit zu leiden. Aus dem Gesagten wird deutlich, dass es für den bewusst gewordenen Widder entscheidend geworden ist, für welche Ziele er seine Kräfte bündeln und einsetzen möchte.

Der junge Widder übertreibt es in seiner Jugend gern mit seiner Aggressivität und seinem Geltungsdrang und eckt damit oft bei anderen an. Er nutzt seine übergroße Kraft, um andere zu beeindrucken und um mit ihnen in Kontakt zu treten, da ihm andere Mittel dazu gar nicht zur Verfügung stehen. Ungeduldig und unfähig, seine Energie zu zügeln, ist er fast gezwungen, den ersten Schritt zu tun. Widder sind die geborenen Chefs und Führer und tun sich deshalb gerade in jungen Jahren schwer, sich etwa in Schule oder Beruf unterzuordnen. Darum sind Widder-Kinder in ihrer Jugend oft Störenfriede, unbequem und auffällig, sogenannte »enfants terribles«. Es ist wichtig, solchen Kindern Raum und Bewegungsfreiheit zu schenken, damit sie sich ausleben können.

Wie geht der Widder mit Problemen und Hindernissen in seinem Leben um? Der Widder liebt den geraden Weg, er steckt voller Kraft und lebt sie auch aus. Darum neigt er gern dazu, mit dem Kopf durch die Wand zu gehen. Ein mir bekannter Widder sagte dazu einmal, er handle meist nach dem Motto: »Mach die Tür zu, Schatz, ich komme jetzt rein!« Er liebt Reibereien, Widerstände und Anlässe, bei denen er sich austoben kann. Nichts mag er mehr, als sich mit anderen zu messen. Widder setzen sich darum oft und gern durch, um an ihr Ziel zu gelangen. Darum ist es nur natürlich, dass ihr Weg häufig bis ganz nach oben führt, da sie so voller Kraft und Tatendrang stecken.

Wie wir gleich sehen werden, finden sich typische Widder darum oft unter führenden Politikern, zum Beispiel unsere Altbundeskanzler Gerhard Schröder und Helmut Kohl sind unter diesem Zeichen geboren. Der Erste hat jedoch die Lebenszahl 1, der Zweite die Lebenszahl 2, was sie in ihrem Verhalten wiederum stark unterscheidet. In welchem Bereich wir einen Widder aber auch vorfinden, das Widder-Prinzip will sich unbedingt überall durchsetzen, um bis ganz nach oben zu gelangen.

Widder mit der Lebenszahl 1

Wenn Energie zu Power findet, kann nur ein Kraftprotz dabei herauskommen. Wenn der Widder gern eine Tür einrennt, weil er kaum zu bremsen ist, dann tut es die Kombination Widder gepaart mit der Lebenszahl 1 erst recht. Der Tatendrang ist geradezu unermesslich, diese Kraft muss auf die Straße hinaus und etwas bewirken, Nichtstun wie Stillsitzen ist geradezu unmöglich. Die Energie braucht ein Ventil.

Die vordringlichste Eigenschaft dieser Widder-Variante ist ihr Drang an die vorderste Linie – so weit nach vorne, wie es nur geht. Sie muss an der Spitze gehen und den Weg bestimmen. Als Mitläufer geht es diesem Typ wie so manchem beim Stau auf der Autobahn, er tritt ständig aufs Gas, weil es ihm nicht schnell genug geht. Unterordnen mag sich diese Kombination auf gar keinen Fall.

Schnell entbrannt ist auch das Feuer seiner Leidenschaft und Begeisterung, so verliebt er sich rasch, droht aber ebenso schnell wieder zu erkalten. In der Folge ist es ganz natürlich, dass er häufig in seinem Leben gleich mehrere Ehen schließt und auch wieder beendet. Beispiele für diesen Typus sind darum Altbundeskanzler Gerhard Schröder *7.4.1944, Lebenszahl (29/11), und sein damaliger Stellvertreter Joschka Fischer *12.4.1948, Lebenszahl (29/11). Die häufig in beiden Geburtstagen vorkommende Zahl 4 gibt beiden nochmals viel Verantwortungsbewusstsein und Strebsamkeit.

Widder mit der Lebenszahl 2

Der Widder in Kombination mit der Lebenszahl 2 hat nun gleich zwei Seelen in seiner Brust: Einerseits drängt es ihn widderhaft nach vorn, zum anderen aber ist sein Sinn auch auf die Gemeinschaft gerichtet. Wir finden hier den Einzelgänger wie den Gruppenmenschen, und das in einer Person. Beides gilt es bei diesem Charakter, in sich zu vereinen.

Unter diesem Typus verbirgt sich, wie schon verraten, unser Altbundeskanzler Helmut Kohl, geboren am

*3.4.1930, Lebenszahl (20/2). Die grenzenlose Dynamik des Widders gesellt sich hier zur Gemütlichkeit und Umgänglichkeit der Zahl 2. Diese Kombination versteht es wie kaum eine andere, ihre zahlreichen Ideen an andere so gut zu verkaufen, dass sie ihm gerne folgen und seine Ideen dann für ihn umsetzen.

Sowohl gruppenbezogen durch die Zahl 2 wie auch zielgerichtet durch seinen Widder, war Kohl bekannt dafür, bei der Vergabe von Posten in seinem Umfeld besonders gern auf alte Bekannte und Verbündete zurückzugreifen, die er im Lauf seines Lebens kennengelernt und auf Herz und Nieren geprüft hatte. Damit ist er ein Prototyp für die Eigenschaft der Zahl 2, am besten in einem harmonischen Team arbeiten zu können. Kohl war immer wieder in der Lage, sich solche Gruppen für die Erreichung seiner Ziele zusammenzustellen.

Wie man von ihm weiß, äußerte sich sein Sinn für Gemütlichkeit im politischen Leben in der Form, Probleme und Schwierigkeiten einfach »auszusitzen«, wie es die Zahl 2 (und das dazugehörige Sternzeichen Stier) eben gerne tut. Phlegmatisch sorgt dieser Typus lieber zunächst einmal für das leibliche Wohl. Der Pfälzer Saumagen als Leibgericht Kohls ist dabei in die Geschichte eingegangen.

Widder mit der Lebenszahl 3

Die geballte Energie des Widders gibt der Zahl 3 wenig Möglichkeit, schüchtern und scheu zu bleiben, wie sie es nun mal gerne ist. Stattdessen drängt das ständige Feuer des Widders sie dazu, sich im Außen zu zeigen und sich auszudrücken. Damit lebt diese Kombination ihren Widderanteil weniger fordernd und stürmisch, sondern eher einfühlsam und interessiert. Sie kann ihre Absichten gefühlvoll vermitteln und muss sich darum nicht so häufig gegen andere durchsetzen oder geschlossene Türen einrennen.

Die 3 macht aus dem resoluten Widder eher einen Teamplayer, der einerseits seinen Ideenreichtum zu nutzen vermag und die Idee andererseits auch gemeinsam mit anderen umsetzt. Die zahmere Zahl 3 kann den nur vorpreschenden Widder jedoch nicht nur zaghaft und zaudernd werden lassen, sondern gibt ihm auch Einfühlungsvermögen und somit endlich einmal die Möglichkeit, über die Wirkung seiner ungestümen Kräfte nachzudenken.

In seiner Leistungsfähigkeit ist er darum meist nicht so ausgeprägt wie andere Widder-Typen, kommt aber dafür viel besser bei anderen Menschen an. Er ist dazu in der Lage, seine unendliche Kraft mit Gefühl auszuleben und bringt darum beides nutzbringend in jede Gemeinschaft ein.

Die moderate Kombination Widder mit der Lebenszahl 3 findet sich zum Beispiel im Pionier der Weltraumfahrt, Wernher von Braun, *23.3.1912, Lebenszahl (21/3). Ohne ihn wäre die Erforschung des Alls, wie wir es heute kennen, nicht möglich gewesen. Seine Lebenszahl (21/3) schenkt ihm die Kreativität der Zahl 1, gepaart mit dem Umsetzungsvermögen der Zahl 2. Er erhielt zahlreiche Ehrungen.

Widder mit der Lebenszahl 4

Der kämpferischen, kraftstrotzenden Natur des Widders begegnet die extrem leistungsbereite Art der Lebenszahl 4. Was könnte hier anderes geschehen, als große Dinge in die Welt zu bringen? Natürlich muss dieser Typ lernen, mit Belastungen umzugehen, um nicht allzu rasch von seiner eigenen Energie mitgerissen zu werden. Sowohl der Widder wie auch die Zahl 4 sind leistungsorientiert, ja geradezu versessen darauf, zu wirken und zu arbeiten. Die besondere Fähigkeit dieser Kombination liegt im zielgerichteten Handeln und Umsetzen. Ihr liegt weniger daran, andere nur ständig zu managen und zu dirigieren, viel eher geht sie persönlich an die Arbeit und legt bei der Umsetzung selbst Hand an. Dabei ist sie präzise und schnell.

Als Beispiel für diesen Typus soll an dieser Stelle zum einen ein Leonardo da Vinci, *15.4.1452, Lebenszahl (22/4), dienen. Unbestritten wird er als der größte Universalgelehrte aller Zeiten angesehen. Sein Lebenswerk ist schier unbeschreiblich groß, so sehr hat er sich ihm verschrieben. Das Besondere an ihm ist vor allem seine Vielfalt. Er lenkte seine Schaffenskraft nicht nur in die Kunst (die »Mona Lisa« wurde von ihm gemalt), er war außerdem Erfinder und widmete sich in seinen Studien vielen medizinischen und naturwissenschaftlichen Themen. Viele sehen in ihm das größte Genie aller Zeiten.

Zum anderen ist diese Kombination bei Sir Elton John zu finden, *25.3.1947, Lebenszahl (31/4). Der britische Sänger und Komponist zählt zu den größten noch leben-

den Musikern und zu den Künstlern mit den meisten
verkauften Tonträgern weltweit.

Widder mit der Lebenszahl 5

Hier kommt geballte Kraft zusammen. Die Zahl 5
schüttet sozusagen noch Öl ins Feuer des Widders, der
doch eigentlich selbst schon genügend davon hat. Menschen mit dieser Kombination müssen lernen, mit dieser
Power maßvoll umzugehen. Dieser Typus stellt hohe Ansprüche an sich und andere und steht gern im Mittelpunkt
des Interesses. Bei ihm ist es besonders wichtig, bei aller
Freiheitsliebe auch die erforderliche Disziplin aufzubringen, die große Energie des Widders zentriert auf das
anvisierte Ziel zu richten. Dann sind große Erfolge möglich. Und dieser Typus ist wirklich bereit dazu, alles für
den Erfolg zu tun.

In seinem Selbstbewusstsein ist diese Kombination
kaum zu überbieten, hier ist darum Vorsicht geboren,
damit es der Umwelt nicht zu viel wird. Manchmal fließt
hier zu viel der Energie in das Plaudern und die Selbst-
darstellung. Lothar Matthäus, *21.3.1961, Lebenszahl
(23/5), ist ein Beispiel für diesen Typus. Als geborene
Führernatur war er lange Jahre Kapitän der Fußballnationalmannschaft. Mit der für diesen Charakter eigenen,
grundsätzlich positiven Einstellung zum Leben liebt er
es, in der Öffentlichkeit zu stehen und sich mit Schönheit
in Gestalt seiner Partnerinnen zu umgeben. Ähnlich wie
beim Typ Widder mit der Zahl 1 gelingt es auch diesem

Typ jedoch häufig nicht, sein schnell entflammendes Feuer in seinen Partnerschaften lange am Leben zu halten – Scheidungen sind die unabänderliche Folge.

Widder mit der Lebenszahl 6

Die ungestüme Lebendigkeit des Widders wird hier mit der ruhigen, analytischen Art der Zahl 6 verbunden. Das kühlt den Widder in seiner Impulsivität zwar etwas ab, lässt ihn aber auch die notwendige Zeit gewinnen, seine Ziele und Pläne noch einmal genauer zu überdenken und besser zu planen. Ins Licht gebracht, ist dieser Typus in der Lage, seine große Lebensenergie zu bündeln und nach einem perfekten Muster in die Welt zu bringen.

Eine große Gefahr liegt beim Widder mit der Zahl 6 jedoch im Verharren, um immer noch einmal neu über die Planung nachzudenken und in dieser Perfektionssucht dann keinen Schritt voranzukommen. Der Widder gleicht dann einem Ferrari, der Vollgas geben will, dabei aber ständig auf der Bremse steht. Die Energie des Widders will in die Welt fließen, und ihm ist es dabei primär erst einmal egal, ob er etwas richtig oder falsch macht. Er kann wirklich zu seinen Fehlern stehen, verfügt er doch über genügend Energie, es beim zweiten Mal besser zu machen.

Ein Beispiel für diese Kombination ist Sir Peter Ustinov, *16.4.1921, Lebenszahl (24/6), der britische Schauspieler, Regisseur und Buchautor. Die Energie des Widders brachte er in vielseitiger und kreativer Weise zum Ausdruck und war dank der Zahl 6 ein ungewöhnlich geistreicher und kluger Kopf. Unter anderem konnte er viele Sprachen fließend sprechen, darunter Deutsch, Englisch, Französisch und Russisch. Er erhielt für seine schauspielerische Leistung zweimal den Oscar.

Widder mit der Lebenszahl 7

Die Zahl 7 gibt dem Widder einen Gegenpol, den er unbedingt braucht. Mit ihrer sensiblen Art und ihrem Einfühlungsvermögen vermindert sie beim Widder dessen Tendenz, ständig mit dem Kopf gegen die Wand rennen zu müssen. Stattdessen vermag sie es, ihn besser spüren zu lassen, wo seine Energie auf einfache Weise zum Ziel finden kann, anstatt sie oft nur sinnlos zu verbrennen.

Die Kunst der Diplomatie, mit der die Zahl 7 bestens ausgestattet ist, kann die Kraft des Widders auch für eine Gemeinschaft oder Gruppe wirken lassen. Bestes Beispiel für diesen Typ ist damit der ehemalige Außenminister Hans-Dietrich Genscher, *21.3.1927, Lebenszahl (25/7). Mit seinem Namen ist jedoch ebenfalls der als »die Wende« titulierte Regierungswechsel von SPD/FDP zu CDU/FDP verbunden. Damals nutzte er die Energie des Widders, um eine neue Koalition zu bilden und dem Freiheitsdrang seiner Zahl 5 (in der Lebenszahl 25/7) Geltung zu verschaffen.

Ein zweites Beispiel für die Ausprägung dieses Charakters ist die Sängerin Nena, *24.3.1960, ebenfalls Lebenszahl (25/7). Ihr ist es gelungen, den Ausgleich zwischen Freiheit und Disziplin zu schaffen, den ihre Zahl 5 (in der Lebenszahl 25/7) so dringend benötigt. Ihre

Intuition der 7 schenkt ihr die Möglichkeit, mit dem Zeitgeist verbunden die stimmige Musik der jeweiligen Generation zu verkörpern. Die Zahl 7, die nicht von dieser Welt zu stammen scheint, lässt sie außerdem engelhaft und jugendlich erscheinen, das ewige Mädchen, selbst heute noch als Oma, die schon Enkelkinder hat.

Widder mit der Lebenszahl 8

Unter diesem Typus sind Charaktere zu finden, die alles sind, nur keine grauen Mäuse. Die Power des Widders wird hier gepaart mit der Willenskraft der 8, und ganz selbstverständlich wird jeder andere spüren: Hier kommt jemand, der weiß, was er will! Die Zahl 8 schenkt dieser Kombination Charisma, und so kann es leicht geschehen, dass auch andere Menschen von dieser Persönlichkeit beeindruckt sind. Die Zahl 8 lenkt die Energien des Widders in eine Strahlkraft, die besonders auf der Bühne ihre ganze Wirkung entfalten kann.

Das vielleicht beste Beispiel dieses Typus ist die Soulsängerin Aretha Franklin, *25.3.1942, Lebenszahl (26/8). Die auch »Queen of Soul« genannte Künstlerin wurde von der Musikzeitschrift *Rolling Stone* zur besten Sängerin aller Zeiten gewählt. Sie zählt zu den auch kommerziell erfolgreichsten Interpreten weltweit. Ihr Hit »Respect« begründete ihren Erfolg und wurde zur Hymne schlechthin für die afroamerikanische Frauenbewegung ihrer Zeit.

Widder mit der Lebenszahl 9

So wie jedes Zeichen, das mit der Zahl 9 in Verbindung kommt, will der Widder zur Krone der Schöpfung erhoben werden, will das Optimum aus seinem Sternzeichen herausholen. Bündelt der Widder seine Kräfte, um die idealistischen und ethischen Werte der 9 zu verkörpern, so kann dieser Typus zum Vorbild werden für die von ihm gesetzten Ziele. Der Widder wie auch die Zahl 9 gehören dem Feuerelement an und geben sich gegenseitig unterstützende Impulse. Der Widder ist hier sehr zu Hause, ähnlich wie schon bei der Zahl 1 oder 5. Menschen dieses Typs ragen aus der Masse heraus, sie fallen auf. Immer sind sie mit einer besonderen Willens- und Schaffenskraft gesegnet. Andere Menschen achten auf sie und wählen sie sich gern zum Vorbild.

Ein Beispiel soll die mögliche Wirkkraft dieser Kombination vermitteln. Johann Sebastian Bach, *31.3.1685, Lebenszahl (27/9), wurde einer der bedeutendsten Musikschaffenden überhaupt. Sein Wirken beeinflusste vorbildhaft viele der ihm folgenden Komponisten weiterer Epochen. Die von ihm geschaffene »Kunst der Fuge« darf als Geniestreich der Musikgeschichte gelten. Er sucht seinesgleichen in der Geschichte der Musik.

Sternzeichen Stier

21.4. bis 20.5.

Positive Verhaltensweisen,
der Stier in seiner bewussten, reifen Form:

>   zuverlässig

>   bodenständig

>   geht auf Nummer sicher

>   bewahrt und schützt

>   gruppenorientiert

>   treu

>   geduldig

>   sinnenfreudig

Negative Verhaltensweisen,
der Stier in seiner unbewussten, unerlösten Form:

>   stur und starrköpfig

>   zu bequem

>   misstrauisch

>   lehnt jede Veränderung ab

>   gierig

>   voller Verlustängste

>   eifersüchtig

Nachdem der Widder als erstes Zeichen »auf die Welt gekommen und sie erobert hat«, ist der Stier das darauf folgende, im Grunde gegensätzliche Prinzip: Bei ihm geht es um das Erhalten des Eroberten, indem ein Zaun darum gezogen wird. So ist der Stier sehr auf Schutz und Sicherheit aus. Wenn der Widder der Erneuerer war, so ist der Stier eher pragmatisch und durchaus phlegmatisch. Er braucht lange, um einen einmal eingeschlagenen Weg wieder zu verlassen und einen neuen einzuschlagen.

Die grundsätzliche Stimmung des Stieres ist beharrend, ausharrend. Er hütet und pflegt das Erreichte und vermehrt es. Wenn der Widder die Herde eingefangen und gegründet hat, dann hütet der Stier diese nun mit Hingabe. Seine angeborene Langsamkeit und Betulichkeit machen es ihm in jungen Jahren eher schwer, sich zu entwickeln und seinen eigenen Weg zu gehen. Zu sehr ist er auch verwurzelt im Bekannten und Bewährten, als dass er bereitwillig alte Pfade verlassen würde. Der Stier ist sehr erdverbunden und liebt jede Form von Genuss und Sinnesfreude.

Außerdem ist der Stier ein zuverlässiger Bewahrer von Werten und extrem sachbezogen sowie gründlich in seiner Planung. Nichts erschreckt ihn darum mehr als unangekündigte Veränderungen, auf die er sich nicht genügend einstellen konnte. Eine andere seiner Schwächen ist sein Glaube an Autoritäten, nur um nicht selbst in die Verantwortung gehen zu müssen. Dazu ist er auch viel zu träge, und es tut ihm gut, immer neue Anstöße von außen zu erhalten, um seine Komfortzone endlich einmal zu verlassen. Werden diese Anstöße aber zu groß, reagiert der Stier gern mit Wutausbrüchen. Denn so tolerant und gutmütig er auch sein mag, alles hat seine Grenzen.

Die größte Sehnsucht des Stieres ist die nach Dauerhaftigkeit und Fortbestand des Status quo. Stiere wollen am liebsten an allem festhalten, das sie gut kennen und lieben gelernt haben. Sie müssen achtgeben, dass sie in ihrer Art, alles bewahren und konservieren zu wollen, nicht zu weit gehen und jede Veränderung grundsätzlich in Frage stellen. Ihre Wachstumsmöglichkeit liegt hier darin, der Natur zuzuschauen, wie sie in immer neuen Varianten die Jahreszeiten hervorbringt, die sich stetig wandeln und doch immer auch gleich bleiben in ihrem fortwährenden Ablauf.

Wie geht nun ein Stier mit Problemen und Hindernissen in seinem Leben um? Der Stier neigt dazu, bei einem Problem erst einmal gar nichts zu tun. Vielleicht löst es sich ja von selber in Luft auf? Wer kann das wirklich wissen! Also: Erst mal abwarten und Tee trinken. Oder, noch besser, erst mal etwas essen. Mit vollem Bauch sieht die Welt doch gleich schon viel rosiger aus. Wenn der Stier sich dann aber endlich auf den Weg macht, tut er dies sehr beharrlich und zuverlässig.

Aus den wichtigsten Zügen der Persönlichkeit des Stieres folgt, dass bei seiner Verbindung mit den Lebenszahlen oft Prominente zu finden sind, die durch ihre Bodenständigkeit (Thomas Gottschalk) oder ihre Sinnesfreude (Alfons Schuhbeck) in Gemeinschaften gut ankommen.

Stier mit der Lebenszahl 1

Mit der Lebenszahl 1 an seiner Seite kann der eher zurückhaltende Stier kaum seiner phlegmatischen und etwas zu bequemen Seite frönen. Die Zahl 1 durchströmt ihn mit all ihrer Energie und drängt ihn, auch einmal vom Sofa aufzustehen und etwas in dieser Welt zu bewegen. Der Stier, ganz Gruppenmensch, vermag es, mit anderen Personen zusammenzuarbeiten – und mit der Energie der 1 kann er sogar Leiter dieser Gruppe werden. Immer gibt er der Gruppe aber das Gefühl, einer von ihnen zu sein, was die Gemeinschaft um ihn herum noch enger zusammenschweißt. Ihm geht es darum, in der Gruppe Harmonie zu erzeugen, und er ist prädestiniert dafür, als Teil der Gruppe neue Wege einzuschlagen, zum Wohle der Gemeinschaft. Dabei verlangt er viel, sowohl von sich wie von anderen.

Ein treffender Vertreter dieser Kombination ist Karl Marx, *5.5.1818, Lebenszahl (28/10), dem es gelang, mit seinem Werk »Das Kapital« die theoretische Grundlage für den späteren Sozialismus und Kommunismus zu legen. Sein oberstes Anliegen war es dabei, die Gruppe, die Gesellschaft, weiterzuentwickeln im Sinne eines besseren, harmonischeren Miteinanders. Zweimal kommt die Zahl 5 in seinem Geburtsdatum vor, was ihm das nötige Selbstvertrauen für diese Aufgabe schenkt, die doppelte Zahl 8 gibt ihm zusätzlich noch die notwendige Überzeugungskraft.

Ein weiterer Stellvertreter dieses Typus ist Thomas Gottschalk, *18.5.1950, Lebenszahl (29/11), der bekannte Showmaster. Sein Erfolg rührt zu großen Teilen daraus, den Fernsehzuschauern, ganz Stier, ein angenehmes Gruppengefühl vermitteln zu können, als säße er selbst bei ihnen zu Hause mit auf der Coach und sei »einer wie du und ich«. Die doppelte 5 in seinem Geburtsdatum gibt ihm das nötige Selbstbewusstsein, frei nach Schnauze vor einem Millionenpublikum drauflos zu reden. Die Zahl 8 schenkt ihm dazu noch einen Schuss Charisma.

Stier mit der Lebenszahl 2

Die Zahl 2 stärkt das Sternzeichen Stier in seinen naturgegebenen Veranlagungen ganz besonders, ebenso wie die Zahl 7. Dies kann im Guten wie im Schlechten geschehen, der Stier kann noch zuverlässiger und bewahrender werden, aber auch noch bequemer und sturer. Hier ist darum ganz besonderes Augenmerk darauf zu legen, die Bequemlichkeit des Stieres in ihre Schranken zu weisen. Besonders der Genusssucht sollte ein wenig Einhalt geboten werden, sonst könnte es rasch zu Übergewicht kommen, sind für diesen Typ Genuss und Lebensfreude doch keine Fremdworte.

Achtet diese Kombination darauf, ihre Schwächen zu besiegen, ist sie ein zuverlässiger Arbeiter, der sehr zielorientiert ist. In seiner Strebsamkeit versteht er es, andere mitzuziehen. Er ist ein gern gesehener Gast in jeder Gesellschaft, und jede Firma kann sich glücklich schätzen, ihn als kollegialen und strebsamen Mitarbeiter zu haben.

Ein Beispiel für diesen Typus ist Wolfgang Borchert, *20.5.1921, Lebenszahl (20/2). Dieser Schriftsteller wurde nach dem Zweiten Weltkrieg besonders durch seine lebensnahen Schilderungen des Nachkriegsdeutschlands bekannt, die das Grundgefühl dieser Zeit widerspiegelten.

Er drückte darin die Sehnsucht der Menschen nach dem Fortbestand der Gemeinschaft und neuer Sicherheit nach den langen Kriegsjahren aus.

Ein zweites Beispiel für diese Kombination ist der Amerikaner Wayne Dyer, *10.5.1940, Lebenszahl (20/2). Er arbeitete zunächst als Psychologe und wurde später als Motivationstrainer und Buchautor bekannt, der sich unter anderem mit der Kraft der Gedanken und ihrer Wirkung beschäftigte. Auch ihm ging es vor allem um eine Verbesserung des Zusammenlebens in der Gemeinschaft, auf die er sein Augenmerk richtete.

Stier mit der Lebenszahl 3

Die Zahl 3 ist für den Stier ein wenig gefährlich, unterstützt sie doch seinen sowieso schon vorliegenden Hang zum Rückzug und zur Schüchternheit. Diese Kombination ist zurückhaltend, besonnen und hat ihre besondere Stärke im Umgang mit anderen Menschen. Sie ist ein guter und einfühlsamer Zuhörer und hält eine Gemeinschaft wie auch ihre Familie mit ihrem Gruppensinn zusammen. Dabei steht es ihr fern, an ihre Spitze zu treten, viel lieber lässt sie anderen den Vortritt, was die Führung betrifft. Sie führt eher still, aus der Gruppe heraus, durch Gespräche, ihr ureigenes Mitgefühl und einen instinktiven Sinn für Harmonie und Schönheit.

Überwindet dieser Typ seine Schüchternheit und zeigt sich und seine Gefühle ungezwungen, vermag er auf ganz besondere Weise zu bezaubern. Audrey Hepburn, *4.5.1929, Lebenszahl (30/3), wurde unter diesem

Zeichen geboren und verfügte wie kaum eine Zweite über die natürliche Anmut und weibliche Ausstrahlungskraft dieser Kombination. Die Zahlen 4 und 9 in ihrem Geburtsdatum gaben ihr zudem die nötige Strebsamkeit, erfolgreich zu werden.

Ein anderer Vertreter dieses Typs ist der Fernsehkoch Alfons Schuhbeck, *2.5.1949, Lebenszahl (30/3). Bei ihm geht es eher um die schöne Seite des Lebens, das leibliche Wohlergehen und den Genuss, eine andere und wohlbekannte Seite des Zeichens Stier. Der Zusammenhalt einer Gruppe ist auch auf kulinarischem Wege durch gutes Essen zu steigern. Auch bei ihm stehen die Zahlen 4 und 9 im Geburtsdatum und schenken ihm einen hervorragenden Sinn für gute Geschäfte und beruflichen Erfolg.

Stier mit der Lebenszahl 4

Der Stier mit seiner zuverlässigen Strebsamkeit wird durch die Zahl 4 noch unterstützt. Hier haben wir einen guten und erfolgreichen Arbeiter vor uns, dem keine Aufgabe zu schwer ist. Er wird erst ausruhen, wenn er am Ziel angekommen ist. Der Stier braucht dringend seine Moment des Rückzuges, sein Bierchen am Abend oder den gemeinsamen Sonnenuntergang mit seiner Partnerin, um wieder aufzutanken. Erst so lädt er den Akku wieder auf und ist wieder in der Lage, seine ungewöhnliche Leistungskraft zu zeigen.

Zwei Persönlichkeiten sind Stellvertreter dieses Typs. Einer davon ist Immanuel Kant, *22.4.1724, Lebenszahl

(22/4), dessen großes philosophisches Werk seinesgleichen sucht. Die Zahl 4 wird verstärkt, da sie sich bei ihm gleich zweimal im Geburtsdatum wiederfindet.

Sigmund Freud, *6.5.1856, Lebenszahl (31/4), gilt als der Begründer der modernen Psychoanalyse. Bei ihm paart sich darum nicht von ungefähr zweimal die Zahl 6 (analytischer Verstand) mit zweimal der Zahl 5 (Selbstbewusstsein, diese neue Therapieform in die Welt zu setzen) im Geburtsdatum. Seinem Ansatz folgten viele weitere Analytiker nach, etwa Carl Gustav Jung, der als Schüler Freuds mit seinen Arbeiten begann.

Stier mit der Lebenszahl 5

Mit der Zahl 5 an seiner Seite wird der Stier selbstbewusst, und das im Guten wie im Schlechten. Abhängig ist die von dieser Kombination gelebte Art oder Unart einzig und allein davon, ob er ihr gelingt, die notwendige Disziplin aufzubringen, zuerst ihren Aufgaben nachzugehen, die sehr viel Erfolg versprechen, oder sich frei von Disziplin dem schönen Leben hinzugeben. Dann sagt sich die 5 nur gar zu leicht: »Erst der Spaß, dann das Vergnügen« – und ist dann sogar noch stolz darauf.

Ein typischer Stellvertreter dieses Typs ist der große Schauspieler Anthony Quinn, *21.4.1915, Lebenszahl (23/5). Im Film »Alexis Sobras« wird er im Auftrag seines Chefs in die Stadt geschickt, um Materialien zu besorgen. Stattdessen frönt er in der Stadt seinen Ausschweifungen und bringt das Geld seines Chefs durch, fast ohne schuldbewusst dabei zu sein. Das Freiheitsstreben der Zahl 5 war offenbar zu groß in ihm. Man kann darum annahmen, Anthony Quinn spielte sich in diesem Film ein Stück weit selbst.

Eine weitere Vertreterin dieses Typs ist Vera F. Birkenbihl, *26.4.1946, Lebenszahl (32/5). Bei ihr kommen die positiveren Aspekte dieser Kombination zum Tragen. Sie machte sich als Motivationstrainerin und Buchautorin einen Namen und befasste sich vor allem mit Lernstrategien, die dabei helfen sollten, einfacher und freiheitlicher lernen zu können. Die doppelte Zahl 6 in ihrem Geburtsdatum zeigt, wie blitzgescheit sie gewesen ist.

Stier mit der Lebenszahl 6

Zuverlässigkeit gepaart mit exaktem analytischem Verstand, was soll da schon schiefgehen? Diese Kombination kann viel erreichen, zuvor hat sie aber eine Hürde zu meistern. Der Stier ist ein beständiger Arbeiter, dem die Fähigkeit der 6, aus den vorliegenden Gegebenheiten das Machbare herauszufiltern, wunderbar in die Karten spielen kann. Gemeinsam kann ein Stier mit der Zahl 6 große Ziele erreichen, besonders dann, wenn es um Genauigkeit und Perfektion geht. Die Klippe, die es hier zu umschiffen gilt, besteht im Schatten von beiden, lieber auf Nummer sicher zu gehen. Dann prüft dieser Typ lieber noch mal alles nach, ist überexakt und penibel. Sein Projekt wird so jedoch einfach nicht fertig, die Termine werden nicht eingehalten.

Eine Lösung dieses Themas könnte darin liegen, mehr auf das Gefühl zu vertrauen. Sie könnte dem Typus vermitteln, wann eine Sache reif ist und zu Ende gebracht werden kann. Zugegeben, ein Stier dieser Kombination ist eher zurückhaltend im Äußern seiner Gefühle, zu sehr beherrscht ihn sein Verstand. Wenn er sie trotzdem zeigt, fühlen sich alle, die es erleben, jedoch sehr berührt.

Besonders eindrucksvoll repräsentiert der selbsternannte Panikrocker Udo Lindenberg, *17.5.1946, Lebenszahl (33/6), diesen Typ. Zwar spielt er meist den kontrollierten, coolen Mann, den nichts aus seiner Rolle zu bringen scheint. Auf der Bühne jedoch, wenn er in seinen Balladen vom Lieblingsthema des Stieres, der Liebe, singt, versteht er es zutiefst, sein Publikum emotional zu erreichen, kennen wir doch alle die Gefühle, die mit Partnerschaften zusammenhängen und die er durch die doppelte Zahl 3 in seiner Lebenszahl auszudrücken versteht.

Stier mit der Lebenszahl 7

Die Zahl 7 unterstützt die Energien des Zeichens Stier ganz besonders dann, wenn es um Gemeinschaftssinn und das Miteinander geht. Diese Kombination kümmert sich in der Familie oder an der Arbeitsstelle gern um alles, versorgt und umhegt alle, wo es nur geht. Ihr gelingt es, überall für ein angenehmes Klima zu sorgen, denn es ist ihr selbst ein Grundbedürfnis, ein harmonisches Miteinander zu pflegen. Streit geht sie lieber aus dem Weg, damit hat sie auch viel zu wenig gelernt umzugehen.

Die Zahl 7 macht den Stier zudem sehr feinfühlig und lässt ihn intuitiv spüren, was eine Gruppe im jeweiligen

Moment braucht. Diesem Charakter ist es wichtiger, für seine Gruppe zu sorgen, als äußerem Erfolg hinterherzujagen. Ausgestattet mit viel Phantasie, ist es für ihn sehr wichtig, Wege zu finden, seine kreative Seite auszuleben, sei es in Kunst oder Musik.

Diese Kombination findet sich bei Yehudi Menuhin, *22.4.1916, Lebenszahl (25/7). Er erlangte als Geiger Weltruhm und gilt als einer der besten schlechthin. Schon mit 7 Jahren gab er erste Konzerte und wurde als Wunderkind angesehen. Intuitiv vermochte er bereits in jungen Jahren, seinem Instrument die richtigen Töne zu entlocken. Wie viele Musiker mit der Zahl 7 nutzt er die Klänge der Musik, um bei den Zuhörern ein harmonisches Gruppengefühl zu erzeugen.

Stier mit der Lebenszahl 8

Wie bei jedem Sternzeichen schenkt die Zahl 8 auch dem Stier eine besondere Ausstrahlung. Der eher zurückhaltende Stier wird damit immer wieder aus seiner Reserve gelockt und drängt in die Öffentlichkeit. Die große Vorstellungskraft der 8 kann dabei genutzt werden, um, im Positiven, geduldig und strebsam selbst große Ziele zu erreichen. Genauso kann aber starrköpfig am Status quo festgehalten werden – aus der pessimistischen Haltung heraus, dass es sowieso gar nicht mehr besser werden kann.

Der ansonsten gutmütige Stier ist durch die Kraft der Zahl 8 außerdem leichter aus der Reserve zu locken. Er lässt sich viel weniger gefallen, als es bei Vertretern dieses Zeichens mit anderen Lebenszahlen der Fall ist. Einmal angestachelt durch sein Außen, ist er durchaus in der Lage, vehement für eine Sache zu kämpfen, die es wert erscheint.

Ein Beispiel für diese Kombination ist Bärbel Höhn, *4.5.1952, Lebenszahl (26/8). Zu der Zeit, als sie Umweltministerin in Nordrhein-Westfalen war, durfte ich sie persönlich kennenlernen. Legendär waren ihre Streitgespräche mit dem damaligen Regierungspräsidenten von Köln, Franz-Josef Antwerpes, in denen es um die Genehmigung des Braunkohletagebaus ging. Als grüne Politikerin und als Stier, der grundsätzlich bewahren und schützen möchte, kämpfte sie heldenhaft für den Schutz der Umwelt. Als Bärbel Höhn später ihren Ministerposten räumte, sagte Antwerpes etwas traurig: »Schade, mit ihr hat man sich so richtig schön streiten können.« (Für Neugierige: Antwerpes ist übrigens am 27.11.1934 geboren, was ihn zu einem sehr zielgerichteten Schützen mit der erfolgsorientierten Lebenszahl (28/10) macht.)

Stier mit der Lebenszahl 9

Diese beiden Einflüsse vermögen sich sehr vorteilhaft zu ergänzen. Die hohen ethischen und moralischen Wertvorstellungen der Zahl 9 werden durch den Realitätssinn des Stieres wieder auf den Boden gebracht. Der Stier hat einen Blick für das Machbare und hält sich mit abgehobenen Zielen gar nicht erst lange auf. Die feurige Art der Zahl 9 drängt den bequemen Stier aber zum

Glück gern einmal aus seiner Komfortzone heraus und verleitet ihn auf neue, visionäre Wege.

Insgesamt haben wir hier eine weltoffene Kombination, die an vielen Ideen Interesse findet und der daran gelegen ist, sich selbst zu vervollkommnen. Ständig ist sie auf der Suche nach neuen und praktikablen Wegen für ihr persönliches Wachstum.

Adele, *5.5.1988, Lebenszahl (36/9), ist eine schillernde Vertreterin dieses Typs. Bereits heute, im Alter von nur 30 Jahren, zählt sie zu den erfolgreichsten Sängerinnen weltweit. In ihren Texten verarbeitet sie die Erlebnisse und Erfahrungen ihrer Liebesbeziehungen. Die doppelte Zahl 8 in ihrem Geburtsdatum schenkt ihr besonders viel Charisma, die doppelte 5 das nötige Selbstbewusstsein. Die Sängerin Helene Fischer hat übrigens ebenfalls die doppelte 8 im Geburtsdatum stehen, wir treffen sie nachher bei der Jungfrau.

Sternzeichen Zwilling
21.5. bis 21.6.

Positive Verhaltensweisen,
der Zwilling in seiner bewussten, reifen Form:
neugierig
anpassungsfähig
erfinderisch

komplexe Zusammenhänge einfach erklären

kommunikativ

Netzwerker

sprachbegabt

kann gut mit Technik umgehen

Negative Verhaltensweisen,
der Zwilling in seiner unbewussten, unerlösten
Form:

ungeduldig

Hang zu Klatsch und Tratsch

ständige Suche nach noch mehr Information

launisch

ruhelos, immer auf der Suche nach Ablenkungen

unentschlossen

spöttisch

Zwillinge sind Luftzeichen, weswegen bei ihnen das Verstandesmäßige sehr stark betont ist. Gefühle sind ihnen stattdessen ebenso suspekt wie unerklärlich, so dass sie diese gern mit ihrem Kopf relativieren und steuern wollen. Zwillinge werden oft als kontaktorientiert und unruhig bezeichnet. Sie sind gerne in Bewegung, auch geistig wechseln ihre Interessen schnell. Sie haben die große Fähigkeit, Wissen zu erwerben und weiterzugeben. Die positiven Seiten des Zwillings sind Kontaktfreudigkeit, Offenheit und große Flexibilität, die aber auch in Oberflächlichkeit, Unkonzentriertheit,

Sprunghaftigkeit und manchmal Eitelkeit ausarten können. Der Zwilling ist von einer Lust am Denken beseelt, von Neugier und Wissbegierde, die spielerisch und unverbindlich bleibt. Es reizt ihn, die Vielseitigkeit möglicher Gesichtspunkte zu entdecken, ohne sich jedoch selbst festzulegen. Die Sprache ist sein bevorzugtes Medium, das er mit Ironie und Witz zu verwenden pflegt. Kein Sternzeichen ist so kontaktfreudig wie der Zwilling, und die aktuelle Zeit mit ihren Handys und virtuellen Netzwerken spielt ihm da sehr in die Karten.

Um den Zwilling mit einem Satz zu beschreiben, genügt der Ausspruch von Descartes: »Ich denke, also bin ich.« Denn er beschreibt den Zwilling im tiefsten Kern seines Wesens. Immer ist der Zwilling auf der Suche nach neuem Wissen, ohne jedoch jemals genug davon bekommen zu können. Die Wechselhaftigkeit der Gedanken macht es ihm schwer, sich in seiner Meinung wirklich festzulegen, und es besteht die Gefahr, bei so viel gesammeltem Wissen irgendwann alles zu relativieren. Immer ist der Zwilling auf der Suche nach noch anderen, immer neuen Erklärungen – und kommt damit nie zum Ende. Einer der Schatten des Zeichens Zwilling liegt darum darin, in seiner Meinung und seinem Wissen so undefiniert zu bleiben, dass er selbst darin nicht zu fassen ist.

Die größte Herausforderung für den Zwilling stellt aber die Kontaktaufnahme zu seinen innersten Gefühlen dar. Bei allem Intellekt und allem Wissen ist es ihm in späteren Lebensjahren einfach nicht mehr genug, nur über die Dinge und Erlebnisse zu reden, er will sie selbst wirklich spüren und in sich aufnehmen. Zwillinge entdecken dann vielleicht tatsächlich ihre Angst vor Gefühlen und deren Tiefe. Dann gelingt es ihnen möglicherweise, ihre Gefühle auch auszudrücken, sei es nun in Sprache oder Gesang. Für alle Menschen ist es ein besonderes Thema, in die Gefühlstiefe zu gehen und alle Gefühle ganz zuzulassen. Dabei stört der Verstand, so dass auf gewisse Weise eine Art Kopflosigkeit, ein »Den-Verstand-verlieren«, vonnöten ist, um diesen Sprung ganz zu wagen.

Wie geht ein Zwilling mit Problemen und Herausforderungen in seinem Leben um? Zeigt sich ein Problem, dann muss der Zwilling sofort ganz dringend zuerst einmal darüber reden. Also ruft er gleich seine beste Freundin an und palavert eine Weile mit ihr hin und her. Hauptsache, alle möglichen und unmöglichen Eventualitäten sind schon einmal im Voraus besprochen. Dabei geht er ständig auf und ab und ist immer in Bewegung. Beim vielen Reden hat er allerdings das Problem schon längst wieder vergessen, da er gern vom Hölzchen aufs Stöckchen kommt. Schon ist er bereits wieder bei einem anderen Thema angekommen, das ihm gerade eingefallen ist. Das ist aber gar nicht schlimm, da er bei seinem großen Netzwerk einfach immer jemand anderen anrufen kann, der sich bestens mit gerade diesem Problem auskennt.

Beim Betrachten der Persönlichkeiten, die gleich als Beispiele für die Verbindung des Zwillings mit den Lebenszahlen aufgeführt werden, fällt auf, dass dort häufig besonders kommunikative und schreibbegabte Menschen zu finden sind. Die Spanne reicht von Peter

Frankenfeld über Marcel Reich-Ranicki bis hin zu Karl Valentin. Allen sind der Witz und der Esprit des Zwillings gemeinsam.

Zwilling mit der Lebenszahl 1

Der Zwilling, von Natur aus gut mit Energie versorgt, wird durch den Einfluss der Zahl 1 noch gefördert. Im Licht betrachtet wird dieser Typ noch kommunikativer und erfinderischer, im Schatten jedoch auch noch ruheloser und launisch. Es hängt von der Lebensart und Reife dieser Kombination ab, auf welche Weise sie diese Veranlagung ausleben möchte.

Die Unstetigkeit, die dem Zeichen Zwilling sowieso schon angeboren ist, wird bei dieser Kombination noch ausgeprägter. Schnell kann er sich für die eine Sache begeistern, um wenige Tage später schon dem nächsten Impuls hinterherzujagen. Er gleicht in seiner Leichtigkeit, mit der er über den Dingen zu schweben scheint, einem Schmetterling, der mal hierhin, mal dorthin fliegt, einfach weil es ihm so Freude macht. Es ist überhaupt nicht sein Ding, mit Konsequenz lange am Ball zu bleiben, dafür sind sein Geist zu rege und seine Interessen einfach zu vielfältig.

Ein Prototyp dieser Ausprägung des Zwillings ist Ernest Hemingway, *21.7.1899, Lebenszahl (37/10), Nobelpreisträger für Literatur. Seine Energie und Ruhelosigkeit trieb ihn als Kriegsberichterstatter und Abenteurer durch die Welt. Die Fähigkeit des Zwillings, komplizierte Zusammenhänge einfach erklären zu können, nutzte er in seinem eigenen, zunächst schlicht und einfach scheinenden Schreibstil, der gerade damit besondere Tiefe erzielt, etwa in seinem Buch »Der alte Mann und das Meer«, das seinen Weltruhm begründete.

Ein zweiter Vertreter dieses Typs ist der Humorist Karl Valentin, *4.6.1882, Lebenszahl (29/11). Sein Erfindungsreichtum, gepaart mit Witz und Sprachbegabung, verführten ihn dazu, häufig die Sprache selbst zum Ziel seiner Komik werden zu lassen, beispielsweise durch den Ausspruch: »Mögen hätt' ich schon wollen, aber dürfen hab ich mich nicht getraut.«

Zwilling mit der Lebenszahl 2

Hier paart sich die Kommunikationsfähigkeit des Zwillings mit dem Sinn für das Miteinander und die Gemeinschaft der Zahl 2. Heraus kommt ein Typ, der sich vor allem damit befassen kann, wie Menschen miteinander reden und wie Sprache eine Gemeinschaft unterstützt, zusammenführt und prägen kann. Insgesamt kühlt die sachliche Zahl 2 die gern überschäumende Verve des Zwillings etwas und bringt dessen geistigen Übermut langsam wieder mehr auf die Erde. Hier geht es nicht nur um die rein geistige Diskussion und Meinung, nein, hier braucht es zudem ein konkretes Etwas, das in seiner Vielfalt den Geist zu komplexer Betrachtung anregt und die Kommunikation darüber wieder auf den Boden der Tatsachen bringt. Diese Kombination hat das nötige Selbstbewusstsein, in die Öffentlichkeit zu treten und dort ihre Meinung zu sagen.

Ein Paradebeispiel für diese Kombination ist Marcel Reich-Ranicki, *2.6.1920, Lebenszahl (20/2), der vielleicht populärste Literaturkritiker seiner Zeit im deutschsprachigen Raum. Er bringt die Eigenheit der Zahl 2, zu schützen und zu bewahren, in die Sprache ein und bewahrt damit sozusagen die Sprache als sein Gegenüber davor, ihren Sinn und ihre Tugenden zu verlieren. Damit möchte seine Kritik im Grunde nur den Gehalt und die Aussagefähigkeit der Sprache fördern und erhalten.

Zwilling mit der Lebenszahl 3

Bei dieser Kombination beschäftigt sich der Geist, voll von Interessen, gern und viel mit dem Gefühl. Das Nachdenken über Gefühle, egal ob es nun eigene oder die des anderen sind, ist hier schwer aus dem Kopf zu bekommen. Das Nachsinnen darüber – zum Beispiel in der Art: »Liebt er mich oder liebt er mich nicht?« – kann dabei leicht zum Selbstzweck werden und umgeht somit die Gefahr, die Gefühle wirklich zu erleben und konkret zu machen.

Es versteht sich von selbst, dass dieser Typ damit prädestiniert ist, als Künstler über Gefühle zu schreiben oder zu singen. Wenn die Zahl 3 auf dieser Welt ist, um Gefühle auszudrücken, dann ist sie beim Sternzeichen Zwilling beim richtigen Partner dafür gelandet. Dieser Typ kann außerdem sehr schlagfertig sein und ebenso witzig. Insgesamt zähmt die Zahl 3 den unruhigen Zwilling etwas in seinem Überschwang.

Lena Meyer-Landrut, *23.5.1991, Lebenszahl (30/3), ist ein typischer Vertreter dieser Zwilling-Form. Als Gewinnerin des European Song Contests (ESC) gelang es ihr durch ihre gewinnende, lebendige und sympathische Art, das bestehende Bild des biederen Deutschen in unserem europäischen Umland positiv aufzubessern.

Zwilling mit der Lebenszahl 4

Die Zahl 4 bringt in diese Partnerschaft Strebsamkeit und die Fähigkeit ein, hart arbeiten zu können, der Zwilling seinen Ideenreichtum und seine Kontaktfähigkeit. Wenn der Zwilling zwar normalerweise unruhig ist und kaum das Interesse aufbringt, eine einmal begonnene Sache wirklich zu Ende zu führen, dann wird er es hier lernen – wenn auch weniger in der Form, es dann selbst zu tun, als eher, die Aufgaben zu managen und darum die Fäden mehr geistig in den Händen zu halten. Beim Zeichen Zwilling mit der Zahl 4 ist es eher der »Creative Director«, der Freude daran hat, ganz viele Projekte zu initiieren und gedanklich zu begleiten. Je mehr, umso besser.

Auf der Suche nach aussagekräftigen Vertretern stoßen wir hier auf keinen Geringeren als Donald Trump, den aktuellen Präsidenten der Vereinigten Staaten von Amerika, geboren am 14.6.1946 mit der Lebenszahl (31/4). Sein Zwilling ist besonders ausgeprägt, da er die rationale und kritische Zahl 6 gleich zweimal in seinem Geburtstag vereint. Dies schenkt ihm ein analytisches Denken und einen Blick für die Möglichkeiten, die in einer Situation schlummern. Dieser starke Zwilling ist manchmal nicht zu bändigen und zeigt dann seine unreifen Facetten wie Launenhaftigkeit und einen Hang zum Klatschen und Tratschen. Auch seine Zahl 4 ist nicht von schlechten Eltern, wird sie doch im Datum seiner Geburt ebenfalls gleich zweimal gefunden und brachte ihn in ihrer mehrfachen Ausprägung bis ganz an die Spitze der einflussreichsten Personen weltweit.

Zwilling mit der Lebenszahl 5

Bei dieser Kombination kann man nur von Freundschaft sprechen, Spontaneität und Kommunikationsfähigkeit treffen auf Freiheitsliebe und vielfältige Interessen. Der Zwilling wird in seinen Eigenschaften durch die Zahl 5 verstärkt wie durch kaum eine andere, wird damit sozusagen zum »Zwilling hoch 2«. Wieder gilt dies im Guten wie im Schlechten. Im Positiven zeigt sich dann ein Ausnahmetalent, was Sprachbegabung und das Netzwerken angeht, im Negativen Launenhaftigkeit und Nervosität. Es ist immer die Frage, welche Grundlage die hohe Energie, die hier vorhanden ist, vorfindet, um sie größer zu machen.

Bei der Recherche finden wir unter diesem Typus Peter Frankenfeld, *31.5.1913, mit der Lebenszahl (23/5), den legendären Showmaster des beginnenden deutschen Fernsehens. Er vermochte es, seine zwillingshaften Anlagen in sowohl unterhaltsamer wie auch komödiantischer Weise auf den Bildschirm zu bringen und wurde dabei durch die Zahl 5 im Geburtsdatum noch gefördert. Unterstützt wurde sein Charme durch die Ausdrucksfähigkeit der doppelten Zahl 3 in seinem Datum.

Zwilling mit der Lebenszahl 6

Die dem Zwilling eigene Spontaneität wird durch die Zahl 6 etwas eingebremst, da hier die Neugier zunächst einmal mehr nach innen gerichtet wird. Dieser Typus wird sich erst genau überlegen, was er sagt, bevor er damit ungestüm nach außen geht. Die Impulsivität des Zwillings wird hier durch die Nachdenklichkeit und die Fähigkeit zur klaren Analyse der Zahl 6 eingeschränkt. Sowohl der Zwilling wie auch die Zahl 6 sind jedoch beide geistig recht aktiv, und sicherlich treffen wir bei diesem Vertreter des Zwillings auf einen klar durchdachten Menschen, mit dem ein Gespräch immer lohnenswert und fruchtbar sein wird.

Ein Schatten dieser klugen Paarung kann aber darin liegen, dass hier andererseits auch die Dinge zu sehr durchdacht werden und im Suchen nach noch mehr Details kein Ende mehr gefunden wird. Die Projekte bleiben dann in ständiger Planung, werden aber nur im Verstand hin- und hergeschoben, konkret jedoch nie umgesetzt. Das Interesse am geistigen Diskurs ist dann so groß, dass es zum Selbstzweck werden kann.

Thomas Mann, *6.6.1875, Lebenszahl (33/6), einer der bedeutendsten deutschen Schriftsteller und Nobelpreisträger für Literatur, ist ein Vertreter dieses Typs. Sein Werk zeichnet sich durch Scharfblick und eine kluge Analyse der geschilderten zwischenmenschlichen Vorgänge aus. Unterstützt wird hier die alles durchschauende Zahl 6, da sie außerdem gleich zweimal im Geburtsdatum vorzufinden ist.

Zwilling mit der Lebenszahl 7

Bei dieser Kombination finden wir den sicherlich sanftesten Vertreter der Ausprägung Zwilling vor. Die Zahl 7 bringt ihren Gemeinschaftssinn mit in diese Ehe ein und lenkt die Energie damit mehr in die Gruppe als nach außen, wie es für den Zwilling ja normalerweise typisch wäre. Die sensible Art der Zahl 7 gibt dem spielerischen und kindlichen Zwilling mehr Tiefe, macht ihn aber auch viel verletzlicher für Angriffe und die Meinungen anderer. Außerdem schenkt sie einen hohen Sinn für Schönheit und Ästhetik.

Ein gutes Beispiel für diese Kombination findet sich in der Schauspielerin Marilyn Monroe, *1.6.1926, Lebenszahl (25/7), die es mit Hilfe ihrer intuitiven Anpassungsfähigkeit geschafft hat, zum Schönheitsideal einer ganzen Generation zu werden. Dabei sprangen ihr die Freundlichkeit, Offenheit und die Sprachbegabung des Zwillings zur Seite. Die doppelte Zahl 6 in ihrem Datum zeugt von einem enormen Hang zur Selbstreflexion und »alles immer richtig machen zu wollen«, der sie zum größten Kritiker ihrer selbst machte. Sie suchte darum auch die Anerkennung von außen, da sie selbst ständig das Gefühl hatte, nicht gut genug zu sein.

Zwilling mit der Lebenszahl 8

Menschen mit der Lebenszahl 8 sind immer auffällig und stechen aus einer Gruppe mit anderen stets hervor. Die Zahl 8 gibt dem lebensfreudigen Zwilling eine klarere

Ausrichtung und Willenskraft, die den ihm eigenen Wankelmut überwinden kann und ihn entschlossener macht.

Dieser Typ kann und will viel erreichen und mutet sich dabei manchmal zu viel zu. Immer noch steckt ein nervöser Zwilling im scheinbar so machtvollen Kostüm der Zahl 8 und kann leicht überreizt und genervt reagieren, fühlt er sich überfordert. Gerade in Gesellschaft mit anderen oder auf einer Bühne vermag er aber immer zu glänzen und die Menschen von sich einzunehmen.

Das Supermodel Naomi Campbell, *22.5.1970, Lebenszahl (26/8), ist einer der schillerndsten Vertreter dieser Paarung. Ihr ungewöhnlich langer Erfolg auf den Laufstegen der Welt ist vor allem ihrer außerordentlich starken Ausstrahlung zu verdanken, die sie zum vielleicht charismatischsten aller Supermodels werden ließ. Ihre Neigung zu emotionalen Ausbrüchen und ihr Hang zur Diva sind legendär, sorgen aber andererseits immer wieder für werbewirksame Schlagzeilen. Hauptsache, alle Welt redet darüber, würde die Zahl 8 sagen, und reden tut der Zwilling nun mal für sein Leben gern.

Zwilling mit der Lebenszahl 9

Von allen Paarungen des Zwillings mit den neun Zahlen ist diese die sicherlich schwierigste und herausforderndste. Der Zwilling, dem es nicht lebensfreudig und spielerisch genug sein kann, trifft hier auf die Zahl 9, die den Menschen zum Ideal formen möchte. Dies kann sie nur, wenn sie die Bereitschaft dazu vorfindet, in dieser Richtung auch wirken zu dürfen. Doch dem freiheitsliebenden Zwilling könnte dies häufig zu anstrengend sein. Wie so oft braucht es darum auch hier die Bereitschaft zur Selbstdisziplin, damit dieser Typ reifen und innerlich wachsen kann. Dann vermag es die Strebsamkeit der Zahl 9, diesen Typ zu einem herausragenden Vertreter seiner Art zu machen und ihn zum Vorbild für andere werden zu lassen.

Heidi Klum, *1.6.1973, Lebenszahl (27/9), gehört zu diesen Persönlichkeiten. Obwohl Supermodel und Geschäftsfrau, hat sie es verstanden, durch ihre offene Art immer auch ein Stück weit »unsere Heidi« zu bleiben. Heute ist sie mit ihrer Castingshow »Germanys Next Topmodel« selbst zum Vorbild für viele Mädchen geworden, die in ihre Fußstapfen treten wollen.

Steffi Graf, *14.6.1969, Lebenszahl (36/9), ist ein weiterer Vertreter dieser Kombination. Lange Zeit die beste Tennisspielerin der Welt, wurde auch sie zum Vorbild für viele Jugendliche und animierte sie, mit dem Tennissport anzufangen. Die Zahl 6 kommt in ihrer Lebenszahl (36/9) sowie zweimal in ihrem Datum vor, insgesamt also sogar dreimal. Dies schenkt ihr die Fähigkeit zur Selbstreflexion, begründet einerseits einen hohen Anspruch an sich selbst, andererseits aber auch ihren großen Erfolg. Wohlwissend um ihren Hang zur Selbstkritik, hält sie Privates komplett von der Öffentlichkeit fern. Innerlich treiben die Zahlen 6 und 9 sie dazu, immer noch besser werden zu wollen.

Sternzeichen Krebs
22.6. bis 22.7.

Positive Verhaltensweisen,
der Krebs in seiner bewussten, reifen Form

einfühlsam

Werte bewahrend

treu

feinfühlig

bescheiden

fürsorglich

gefühlsbetont

Negative Verhaltensweisen,
der Krebs in seiner unbewussten, unerlösten Form

überempfindlich

schnell verletzt

besitzergreifend

nachtragend

passiv

launenhaft

unsicher

Das charakteristischste Merkmal des Krebses sind seine tiefen Gefühle. Immerfort ist er auf der Suche nach der Identität mit seiner Umgebung und nutzt dafür seine Welt der Empfindungen. Der Satz, der am besten zu ihm passt, ist: »Ich fühle.« Denn ein Krebs lebt ständig und nur aus seinem Gefühl heraus. Dies macht ihn sensibel und sehr einfühlsam, aber auf der anderen Seite manchmal auch eigensinnig und ein bisschen naiv. Dem Krebs hilft es, aus seinem Gefühl heraus schöpferisch und kreativ sein, um diese eigene und so große Verletzlichkeit zu meistern. Grundsätzlich ist ein Krebs seinen inneren Stimmungen so sehr ausgeliefert, dass andere ihn wohl häufig und zu Recht als launisch bezeichnen. Er ist eben immer so, wie seine Stimmung gerade ist. Und die wechselt nun mal häufig.

Ein Krebs hat eine ganz besondere Beziehung zu seinen Eltern, die entweder besonders gut oder besonders schlecht sein kann. Der Krebs hängt an der Vergangenheit und kann schlecht loslassen. Er braucht einfach Zeit, um sich auf neue Situationen einzustellen. Daher rühren auch seine langsamen Ablöseprozesse in Partnerschaften. Die Vergangenheit ist für ihn aufgrund der damit verbundenen Gefühlswerte heilig. Erinnerungen sind ihm manchmal wichtiger als die konkrete Gegenwart.

Krebse benötigen wegen ihrer großen Sensibilität mehr Geborgenheit als andere. Sie brauchen, wie der Krebs in der Tierwelt, ein »Gehäuse«, in das sie sich zurückziehen können, um die Kränkungen des Lebens verarbeiten zu können. Dieses Gehäuse kann dabei das Heim, ein Mitmensch, die Partnerschaft, die Familie, das Zuhause, eine Liebhaberei oder eine helfende Tätigkeit sein. Dieser sichere Rückzugsort bietet ihrer Empfindsamkeit den notwendigen Schutz, um das für sie typische »2 Schritte vor, einen zurück« leben zu können.

Im Gegensatz dazu steht der ausgesprochene Ehrgeiz des Krebses, den er in der Geschäftswelt aufgrund seiner Verletzlichkeit manchmal aber nur mit Mühe leben kann. Dem Krebs fehlt es an Durchsetzungskraft, seine ihm fehlende Härte gleicht er jedoch mit Diplomatie und Zähigkeit aus.

Es fehlt ihm an Möglichkeiten, seine Verstimmtheit aggressiv zu äußern, darum zeigt er sie mehr im Beleidigtsein. Bei allen möglichen Kränkungen zieht er sich in sein »Gehäuse« zurück, um seine Gefühle zu verarbeiten und sich in Träumen und Phantasien gesund zu schwelgen.

Seine größte Angst ist es, verlassen zu werden. Darum versucht er, den anderen durch Fürsorglichkeit und Hilfe an sich zu binden. Wer ihm zu Dank verpflichtet ist, so denkt er, wird schon bei ihm bleiben. In seinem Drang, andere zu bemuttern, kann er leicht zu weit gehen und sich damit aufdrängen. Seine Einfühlsamkeit kann ihm jedoch zeigen, wo hier das richtige Maß liegt.

Wie geht der Krebs mit Problemen und Hindernissen in seinem Leben um? Dieses Sternzeichen lebt ganz und gar in Verbindung zu seinem Gefühl. Alles, was in seinem Leben geschieht, wird darum besonders intensiv durchlebt und gespürt. Da der Krebs stark mit seinem inneren Kind verbunden ist, reagiert er auf ungeplante Probleme und Schwierigkeiten gern zuerst einmal zutiefst verschnupft. Er zieht sich dann zurück, um seine Gefühle zu ordnen und mit diesem Drama zunächst in sich selbst fertig werden zu können. Das kann mitunter sehr lange dauern. Dann erst kommt er, wieder genesen, aus seinem Schneckenhaus heraus. Nun ist er jedoch in seiner Zielstrebigkeit kaum zu übertreffen. Bei ihm braucht eben alles seine Zeit, bis er seine Gefühle wieder im Griff hat.

Nun widmen wir uns den Kombinationen, die der Krebs mit den Lebenszahlen bilden kann. Es fällt auf, dass hier eine ganze Reihe von Persönlichkeiten zu finden ist, die andere durch ihr Mitgefühl und ihre Gefühlsbetontheit für sich gewinnen können. Die Spanne reicht hier vom Dalai Lama über Lady Di bis zu Günther Jauch.

Krebs mit der Lebenszahl 1

Die etwas stürmische Energie der Zahl 1 wird durch die Feinfühligkeit des Sternzeichens Krebs gemildert, ja für die Umwelt erträglich gemacht. Andererseits verführt die kraftvolle Zahl 1 den manchmal übervorsichtigen Krebs, frühzeitiger aus seinem Rückzugsort hervorzukommen. Beide, sowohl der Krebs wie auch die Zahl 1, können zu einem gut funktionierenden Team zusammenfinden, das die Schwächen des anderen jeweils auszugleichen vermag. Das Einfühlungsvermögen des Krebses erlaubt es der großen Energie der Zahl 1, zielgerichteter eingesetzt zu werden und somit weniger Reibungsverluste als sonst üblich hinnehmen zu müssen.

Ein Beispiel für diesen Typus ist der Erfinder Nikola Tesla, *10.7.1856, Lebenszahl (28/10), der besonders für den Bereich Elektrotechnik zukunftsweisend war. Sein Ideenreichtum wurde durch die emotionale Schaffenskraft des Krebses noch unterstützt, was sich in einer Unmenge von Patentschriften ausdrückte.

Kreative Schaffenskraft war auch dem österreichischen Maler Gustav Klimt gegeben, *14.7.1862, Lebenszahl (29/11). Seine emotionale Ausdrucksfähigkeit floss in zahlreiche Gemälde, die ihn zu einem der bedeutendsten Vertreter des Jugendstils werden ließen.

Krebs mit der Lebenszahl 2

Menschen mit dieser Ausprägung ist ein hoher Gemeinschaftssinn und ein großes Maß an Fürsorglichkeit gegeben, die ihnen eine hohe soziale Kompetenz verleihen und eine besondere Stärke im Umgang mit anderen Menschen, etwa im Personalbereich. Da beide, sowohl der Krebs wie auch die Zahl 2, eher vorsichtig und langsam agieren, ist ein gewisser Hang zur Schüchternheit gegeben. Sympathisch und einfühlsam ist diese Kombination immer eine Bereicherung für jede Gruppe; sie stellt sich gern mit ihren Fähigkeiten zur Verfügung, um gemeinsam mit anderen einer Sache zu dienen oder kreativ ein Projekt nach vorne zu bringen.

Ein Vertreter dieser Kombination ist der Chemiker Kurt Alder, *10.7.1902, Lebenszahl (20/2). Er erlangte Bekanntheit, als ihm im Jahr 1950 für seine wegweisenden Forschungen der Nobelpreis für Chemie verliehen wurde. An meiner ehemaligen Universität in Köln ist ehrenhalber ein Hörsaal nach ihm benannt, da er dort forschte.

Krebs mit der Lebenszahl 3

Bei diesem Charakter kommt die Anlage des Zeichens Krebs am stärksten zur Geltung. Dies kann sowohl die positiven Eigenschaften, wie sein hohes Einfühlungsvermögen, wie jedoch auch die eher negativen Attribute, wie Verletzlichkeit oder Launenhaftigkeit, betreffen, je nachdem, wie weit dieser Charakter innerlich zur Reife gefunden hat.

Eine der wichtigsten Lernaufgaben liegt hier sicherlich darin, die große Überempfindlichkeit zu steuern, die ihren Ursprung in der sehr gefühlsbetonten Seite dieser Kombination hat. Rasch kann hier das hohe Maß an Empathie in Launenhaftigkeit und Beleidigtsein umschwenken. Wichtig ist daher, dass dieser Typ seine seelischen Eindrücke verarbeitet und auszudrücken vermag, sei es als Seelsorger, Therapeut oder Künstler.

Franz Kafka, *3.7.1883, Lebenszahl (30/3), kann als treffendes Beispiel dieser Verbindung dienen. Seine Ausdrucksfähigkeit machte ihn zu einem der bedeutendsten deutschsprachigen Schriftsteller. Wie beschrieben, verbanden sich in seiner Person die besonderen Charakterzüge des Krebses ganz besonders, einfühlsam vermochte er die zahlreichen seelischen Eindrücke wie kaum ein anderer zu Papier zu bringen. Andererseits war er seinen zahlreichen Gefühlen ausgeliefert, was ihn überempfindlich und verletzlich machte. Er heiratete nie und gilt als der Junggeselle der Weltliteratur. Verstärkt wird seine Prägung durch die doppelte Zahl 3 im Geburtsdatum.

Krebs mit der Lebenszahl 4

Die Strebsamkeit der Zahl 4 ist dem zartbesaiteten Krebs manchmal zu viel. Beide Einflüsse müssen erst lernen, bei diesem Charakter stimmig miteinander umzugehen. Der Krebs möchte Zeit und Muße haben, um sich zurückzuziehen, um sich der Vielzahl seiner emotionalen Eindrücke zu widmen und sie so zu verarbeiten, während die Zahl 4 währenddessen gern noch etwas arbeiten und erreichen möchte. Beide Anteile gilt es bei dieser Kombination so miteinander zu verbinden, dass beide zu ihrem Recht kommen und voneinander profitieren.

Und das ist vielleicht gar nicht so schwer, denn beiden ist eine Menge gemeinsam: fürsorglich, treu und bescheiden kann man sich immer auf diesen Typ verlassen. Die Zahl 4 schenkt dem Krebs außerdem eine angemessene Struktur für sein überbordendes Gefühlsleben und erlaubt es dem verspielten Krebs, ein wenig rascher zu reifen und bewusster zu werden.

Ein gutes Beispiel für die Ausprägung dieses Typus ist der Dalai Lama, *6.7.1935, Lebenszahl (31/4). Er gilt Umfragen zufolge als bekannteste lebende Persönlichkeit weltweit. Ihm gelang es, den Inhalten des von ihm vertretenen tibetischen Buddhismus große Aufmerksamkeit zu verschaffen. In ihm verbindet sich das Mitgefühl des Krebses mit dem Verantwortungsbewusstsein der Zahl 4.

Krebs mit der Lebenszahl 5

Ein Krebs dieser Veranlagung hat vor allem die Gabe, gefühlvoll zu sprechen oder über Gefühle reden zu können. Logischerweise ist damit eine besondere Fähigkeit verbunden, besonders gut mit Menschen arbeiten und ihnen helfen zu können, etwa als Therapeut. Bei diesem Typus verbindet sich der Zugang zum inneren Erleben der Gefühle (Krebs) mit der Fähigkeit, trotz aller Schüchternheit damit auch nach außen gehen zu können, denn die Zahl 5 gibt dem verletzlichen Krebs das notwendige Selbstbewusstsein.

Eine Gefahr für diese Kombination liegt in der Disziplinlosigkeit der Zahl 5, die den Krebs dazu verleiten kann, sich seinen Gefühlen ständig ausgeliefert zu fühlen, ohne sie in die notwendigen Schranken zu verweisen. Besonders bei diesem Typ ist es darum wichtig, bewusster mit Gefühlen umgehen zu lernen, denn nur dann kann er, reich an Erfahrungen, diese Gabe an andere Menschen weitergeben.

Günther Jauch, *13.7.1956, Lebenszahl (32/5), vereint solch eine Kombination in sich. In seiner Fernsehshow »Wer wird Millionär« vermittelt er sehr unterhaltsam, wie man mit Kandidaten in der richtigen und einfühlsamen Weise umgeht. Er liebt die Kamera, und die Kamera liebt ihn.

Das zweite Beispiel für diese Prägung ist Hermann Hesse, geboren am 2.7.1877, Lebenszahl (32/5). Dem weltbekannten Schriftsteller gelang es in ganz besonderer Weise, seine Leserschaft gefühlvoll am seelischen Innenleben seiner Romanfiguren teilhaben zu lassen. Sein emotionaler Ausdruck und sein Zugang zur Intuition wurden dabei gleich dreimal durch die Zahl 7 in seinem Geburtsdatum gefördert.

Krebs mit der Lebenszahl 6

Die Welt der Gefühle trifft bei dieser Paarung auf die manchmal starre Analytik der geistig orientierten Zahl 6. Dies ist dann besonders förderlich, wenn sich der verletzliche Krebs geschützt fühlen kann durch die weise Vorausschau der Zahl 6, die ihm sagen kann, was die Zukunft wohl noch an Geschehnissen mit sich bringen wird. Gar nicht mag der empfindliche Krebs jedoch die Kritikfähigkeit der Zahl 6, die immer sieht, wo er etwas falsch gemacht hat und wo er noch besser hätte handeln können. Zurechtgewiesen zu werden verletzt ihn sehr.

Wie immer ist die Ausprägung dieses Typs abhängig davon, wie bewusst er sich schon über seine Anlagen geworden ist. Der kluge Verstand der Zahl 6 kann sehr dabei unterstützen. Das Einfühlungsvermögen des Krebses vermag die Schärfe der Analyse zu zügeln und diesen Charakter insgesamt liebevoller, ja akzeptierender werden zu lassen. Liebevolle Akzeptanz kann auch als Lebensziel dieser Kombination angesehen werden.

Bei der Suche nach einem würdigen Vertreter trifft man hier auf keinen Geringeren als Otto Waalkes, *22.7.1948, Lebenszahl (33/6). Dieser »Komiker der

Nation« zieht seinen Witz aus der tiefen Analyse menschlicher Schwächen, die nur so treffend wiedergeben und zu durchschauen vermag, wer sie bei sich selbst bereits erkannt und lieben gelernt hat. Was genial in sich ist, denn in seiner Rolle als Clown verrät er uns mehr über unsere menschlichen Schwächen – und erhält dafür sogar noch Lob und Applaus.

Krebs mit der Lebenszahl 7

Ein Krebs mit der Zahl 7 führt in seinem Wesen viele gute Charakterzüge zusammen. Er vermag es, mit großer Diplomatie und Einfühlungsvermögen eine Gruppe zusammenzuführen und auftretende Spannungen auszugleichen. Achtgeben sollte er dabei immer, auch seine eigenen Interessen zu wahren, da ihm der Krebs eine so hohe Empfindsamkeit verleiht, dass er den anderen häufig mehr spürt als sich selbst. Die Belange der Gruppe werden ihm dann wichtiger sein als die eigenen.

Eine zweite Gefahr liegt bei diesem Typ darin begründet, sich in seinem Übermaß an Gefühl allzu leicht verlieren zu können. Die sensible und intuitive Zahl 7 verstärkt den emotionalen Zugang zum inneren Erleben und kann übermächtig werden, findet jedoch ein sinnvolles Ventil im seelischen Ausdruck der inneren Bilder, etwa in der Kunst oder einem sonstigen ausgelebten Schaffensdrang.

Die diplomatische Veranlagung findet sich in gleich zwei bekannten Politikern. Angela Merkel, *17.7.1954, Lebenszahl (34/7), unserer Bundeskanzlerin, gelingt es nun schon in der dritten Legislaturperiode, die Spannungen der Parteien geschickt auszugleichen. Sie ist unsere »Mutter der Nation« oder auch »Mama Merkel«. Die Zahl 4 sowohl in Lebenszahl wie Geburtsdatum verleiht ihr die für die Politik notwendige Strebsamkeit, die doppelte Zahl 7 im Datum stärkt ihre Lebenszahl 7 nochmals.

Kann es Zufall sein? Auch der Initiator des politischen Sommertheaters 2018 (über den Umgang mit Asylbewerbern) gehört zu diesem Typus: Horst Seehofer, *4.7.1949, Lebenszahl (34/7). Wie bei Angela Merkel wird seine politische Ambition durch die doppelte Zahl 4 im Geburtsdatum und in der Lebenszahl verstärkt. Der Wille nach Verantwortung wird damit besonders stark.

Diesmal möchte ich gleich drei Beispiele geben, denn zu dieser Kombination gehört außerdem Diana Spencer, *1.7.1961, Lebenszahl (25/7). »Lady Di«, wie sie genannt wurde, verkörperte so viel Anmut und strahlte in ihrem Wesen so viel Verletzlichkeit und Wärme aus, dass sie für die Briten zur »Königin der Herzen« wurde.

Krebs mit der Lebenszahl 8

Die in jeder Hinsicht und immer stark wirksame Zahl 8 lockt hier den scheuen Krebs immer wieder aus seiner Schutzzone heraus. Sie schenkt dem zaudernden Krebs die Willenskraft, geduldig und kraftvoll selbst große Ziele zu erreichen, und macht ihn entschlossen und bereit, für eine gute Sache zu kämpfen. Selbst wenn es lange dauern sollte. Dieser Kombination ist eine große

Strahlkraft gegeben, die sie befähigt, andere Menschen für sich und ihre Sache einzunehmen. Glaubt dieser Charakter wirklich und ganz und gar an eine Sache, dann ist ihm Großes möglich.

Es verwundert kaum, wenn hier eine besonders herausragende Persönlichkeit auftaucht: Nelson Mandela, *18.7.1918, Lebenszahl (35/8), der frühere Präsident von Südafrika. Ihm gelang es, so sehr an ein vereintes Südafrika zu glauben, dass es ihm wundersamerweise sogar gelang, die extrem zerstrittenen schwarzen und weißen Teile Bevölkerung zu befrieden und im Sinne einer gemeinsamen Nation neu auszurichten. Die doppelte Zahl 8 in seinem Geburtsdatum befähigte ihn dazu, die Glaubenskraft an sich und seine Sache sogar in vielen Jahren im Gefängnis behalten zu können.

Krebs mit der Lebenszahl 9

Die Zahl 9 strebt sehr nach den für sie reizvollen Zielen und tut viel dafür, diese dann tatsächlich zu erreichen. Der Krebs findet darum kaum noch Gelegenheit, wie gewöhnlich einen Schritt vor und zwei zurückzugehen, und wird von diesem Drang einfach mitgerissen. Jedoch wird der Krebs die Zielgerichtetheit der Zahl 9 fördern, da er einfühlsam erkennt, wo ein leichtes Durchkommen auf dem Weg zu erreichen ist. Einmal bei seinem selbstgesetzten Ideal angekommen, gelingt es diesem Typ dann sogar, diese Werte zu leben und zum Vorbild für andere zu werden.

John D. Rockefeller, *8.7.1839, Lebenszahl (36/9), gehört zu diesem Typus. Er zählte zu den reichsten Männern der Welt, sein Name wurde sogar zum Inbegriff für Reichtum: »reich wie Rockefeller«. Seinen ethisch-moralischen Ansprüchen der Zahl 9 wurde er gerecht, indem er seinen Reichtum später an die Gesellschaft zurückgab, etwa in Form von Museen, medizinischen Instituten und Universitäten, die dem Wohle der Allgemeinheit dienten. Er wurde damit zum Vorbild für einen großzügigeren Umgang mit Geld.

Sternzeichen Löwe
23.7. bis 23.8.

Positive Verhaltensweisen,
der Löwe in seiner bewussten, reifen Form

individuell

selbstbewusst

kreativ

begeisterungsfähig

gesellig

mutig

loyal

Negative Verhaltensweisen,
der Löwe in seiner unbewussten, unerlösten Form

überheblich

autoritär

immer im Mittelpunkt stehen wollen

selbstsüchtig

verschwenderisch

kritikunfähig

dramatisierend

Löwen!! Solche Menschen sind optimistisch und meist nicht gerade bescheiden. Darum fordern sie in ihrem Leben häufig eine konkrete Führungsrolle. Außerdem stellen sie gerne ihre Kreativität zur Schau und können Konkurrenz nur schlecht ertragen. Denn schließlich möchten sie gern selbst im Mittelpunkt des Interesses stehen, um den sich alles dreht, sei es nun auf Partys oder gesellschaftlichen Treffen. Löwen fallen aus diesem Grund auch gern ins Auge und tragen zu diesem Zweck oft auffallende Kleidung.

Zum Sternzeichen Löwe gehört der Mittelpunkt unseres Sonnensystems, die Sonne selbst. Um sie drehen sich alle Planeten, und ebenso hat sich alles um den Löwen zu drehen, seiner Meinung nach. So wie die Sonne, so steckt auch der Löwe voller Energie, Begeisterung und Lebenskraft. Er glaubt, sich immer auf seine Kraft und Ausstrahlung verlassen zu können, und ist sehr eingenommen von sich selbst. Diese Überzeugung von sich selbst strahlt nach außen ab und begeistert so dann seine

Umwelt gleich mit. Er verströmt Optimismus, Wärme und eine große Herzlichkeit, die sich gern in seinem auffallendsten Aspekt zeigt, seiner Großzügigkeit.

Wer so überzeugt von sich ist, tut sich natürlich schwer mit Kritik, sei sie berechtigt oder nicht. Bei ihm, dem König des Tierreiches, gleicht dies einer Majestätsbeleidigung. Ihn trägt sein Glaube an sich selbst, und darum ist es für ihn besonders schwierig, sollte dieser Glaube von außen erschüttert werden.

Sein Leben steht unter dem Leitbild des Könners und Meisters, und er hat einen großen Lebensentwurf, dessen Pläne oft ins Großartige gehen. Aber er lernt von der Pike auf und ist zugleich ein enormer Arbeiter, so dass er oft Unwahrscheinliches erreichen kann. Er ist vom Glauben an sein Können getragen. Daher treffen ihn Erschütterungen dieses Glaubens besonders schwer. Damit zusammen hängt auch, dass er an ihm oder anderen begangenes Fehlverhalten nachträgt und nur schwer vergisst. Hier wird ihm sein übergroßer Stolz zum Verhängnis und er kann zu einem wirklichen Gegner werden, sollte man ihm zu sehr wehtun.

Sein Stolz macht ihn auch regelrecht abhängig von Bewunderern, und lieber ist ihm dabei eine große Menge, wie auf einer Party oder einer Bühne, als nur ein einzelner Mensch. Dieser Hang wird ihm auch leicht zum Verhängnis, da man ihn durch Lob und Anerkennung nur zu leicht für sich gewinnen kann, ja zu steuern vermag. Für den, der ihn bewundert, wird er viel und alles tun, nur um sich die Bewunderung zu erhalten. Ein weiterer Schatten liegt beim Löwen außerdem im Prahlen,

Überzeichnen und Angeben, nur um damit die nötige Aufmerksamkeit empfangen zu können. Er lässt sich nur zu gern vergöttern und muss darum achtgeben, dabei selbst auf dem Boden der Tatsachen zu bleiben. Denn in seinem Hang, gut dastehen zu wollen, weicht er häufig Lernaufgaben aus, die hinter auftretenden Niederlagen und Problemen liegen könnten. Stattdessen redet er sich auch Niederlagen schön und schwebt damit ständig in Gefahr, ein übergroßes Bild von sich selbst zu entwerfen.

In Zusammenhang damit fürchtet er zudem Alter und Krankheit, da sie ihm vermitteln, dass selbst seine Kräfte irgendwann aufgebraucht sind. Kein Zeichen geht so ungern zum Arzt wie er, lieber geht er allem Kranken und Leidenden aus dem Weg. Er lebt in dem unbestimmten Glauben, in gewisser Weise unsterblich zu sein, und beweist sich dies selbst immer wieder, indem er über seine Kräfte hinaus lebt. Fast scheint es so, als würde er sich und der Welt ständig Beweise seiner Potenz liefern müssen.

Wie geht ein Löwe mit Problemen und Hindernissen in seinem Leben um? Als geborener Chef und mit seinem königlichen Geblüt braucht sich ein Löwe mit den Problemchen und Scherereien des Alltags doch nicht herumzuschlagen! Er findet immer jemanden, der sich statt seiner um eine Lösung bemühen wird. Auf jeden Fall wird er den Helfer für seine Tat fürstlich entlohnen, großzügig, wie er ist. Löwen werden sich auch immer für einen Schwächeren einsetzen, um ihn zu beschützen. Denn so sind gute Könige nun mal.

Bei den nun folgenden Kombinationen von Löwe mit seinen Lebenszahlen 1-9 fällt auf, dass hier ein großes Spektrum von extrem selbstbewussten Persönlichkeiten zu finden ist, von Arnold Schwarzenegger über Harald Schmidt bis hin zu Napoleon. Das Ideal des Löwen wird jedoch von Carl Gustav Jung repräsentiert, der mit seinem von ihm entdeckten Individuationsprozess den wahren Kern unseres individuellen Seins herausgearbeitet hat, um das es dem Löwen in der Tiefe wirklich geht.

Löwe und die Lebenszahl 1

Das Feuer des Löwen wird durch die energische Zahl 1 sehr unterstützt, was sollte also bei dieser Kombination anderes herauskommen als eine führungsstarke Persönlichkeit? Selbstbewusst und begeisterungsfähig wie kaum ein anderer Typus, ist er in der Lage, viele andere Menschen hinter seiner Idee zu versammeln und mitzureißen. Er stellt hohe Ansprüche an sich und andere, wird seine Mitstreiter aber immer auf das Großzügigste belohnen.

Wie immer, wenn eine Persönlichkeit so glänzend erscheint in ihren lichtvollen Aspekten, gibt es natürlich auch einen Schatten. Der Erfolg, der sich bei ihm mit Sicherheit einstellen wird, da er bereit ist, alles dafür zu tun, kann diesen Charakter überheblich, arrogant und selbstgerecht werden lassen. Ihm tut es gut, sich in Dankbarkeit für das Erreichte zu üben und die Einsicht zu bewahren, dass alles Erreichte auch auf die Mitwirkung seine Mitarbeiter und Unterstützer zurückzuführen ist.

Napoleon Bonaparte, *15.8.1769, Lebenszahl (37/10), steht als treffendes Beispiel für diese Kombination. Er gibt als der vielleicht fähigste Feldherr aller Zeiten. Ihm gelang es durch seine Kriegskunst, große Teile von Europa unter die französische Flagge zu bringen. Er wurde zum »Kaiser der Franzosen« gekrönt, scheiterte dann später in Russland, vielleicht nur an seinem Größenwahn.

Henry Ford, *30.7.1863, Lebenszahl (28/10), war der Begründer der gleichnamigen Fahrzeugmarke. Sein Ideenreichtum brachte ihn Anfang des 19. Jahrhunderts an die Spitze der Automobilindustrie. Er verstand es dabei, seine Belegschaft hinter sich zu bringen, indem er großzügig besonders gute Löhne zahlte.

Löwe und die Lebenszahl 2

Die eher eigenmächtige Kraft des Löwen paart sich hier mit der Fähigkeit zur Zusammenarbeit und einem ausgeprägten Gemeinschaftssinn. Dies befähigt diese Kombination, Gruppen zu führen und anzuleiten. Der Löwe als geborener Chef vermag es dabei, durch seine Großherzigkeit und Geselligkeit diese Gruppe für sich einzunehmen und erfolgreich zu machen.

Eine Gefahr liegt, wie immer bei der Zahl 2, darin, dem anderen immer nur so lange etwas zu geben, wie sie selbst das Gefühl hat, genügend zurückzuerhalten. Verliert sie diesen Eindruck, kann es leicht geschehen, dass sie sich verschließt und ihre Fähigkeit zur harmonischen Zusammenarbeit verliert.

Bei diesem Typ fand sich leider kein Beispiel einer bekannten Persönlichkeit. Dies begründet sich damit, dass hier nur die Lebenszahl (20/2) in Frage kommt und für diese Quersumme in den Monaten Juli und August im 19. Jahrhundert nur wenige Geburtstage zur Auswahl stehen.

Löwe und die Lebenszahl 3

Das Selbstbewusstsein des Löwen wird hier zumeist dazu führen, die manchmal zu zurückhaltende Zahl 3 mutig genug zu machen, ihre Gefühle auszudrücken, die sie sonst gar zu gern zurückhält. Da der Löwe sich gern in den Mittelpunkt spielt und nach Anerkennung lechzt und die Zahl 3 beim Ausdruck ihrer innewohnenden Gefühle in der Lage ist, ihre Umwelt zu berühren, liegt es nahe, bei dieser Kombination oft auf Schauspieler zu treffen oder auf Menschen, die in irgendeiner Form auf der Bühne stehen.

Wenn bei diesem Typ aber die Zahl 3 überwiegt (etwa bei der 30/3), habe ich es schon häufiger erlebt, dass die Schüchternheit in den jungen Lebensjahren überwiegt und erst langsam und im reiferen Stadium überwunden werden kann. Der Mut, sich zu zeigen, muss sich selbst bei einem Löwen manchmal erst nach und nach entwickeln. Dann jedoch wird er weitgehend frei von Überheblichkeit sein.

Eine selbstbewusste Ausprägung findet sich beispielsweise bei Harald Schmidt, *18.8.1957, Lebenszahl (39/12/3). Er moderierte viele Jahre lang seine

»Harald-Schmidt-Show« und wurde damit zu einem der bekanntesten Talkmaster und Entertainer in Deutschland. Seine doppelte Zahl 8 verleiht ihm die für die Bühne wichtige Ausstrahlung.

Löwe und die Lebenszahl 4

Sowohl der Löwe wie auch die Zahl 4 haben das Streben nach Erfolg gemeinsam. Es fällt beiden leicht, an die Spitze einer Gruppe zu treten und für viele Verantwortung zu tragen. Bei der 4 kommt es bei allem Leistungsstreben manchmal vor, dass die Lebensfreude hinter der zu bewältigenden Arbeit zurücktreten muss. Dies weiß der gesellige und lebensfrohe Löwe jedoch zu verhindern. Er ist selbstbewusst genug, auf seine Art überall auch seinen Spaß zu finden.

Gemeinsam haben beide außerdem den Stolz, was gefährlich werden könnte, sollte der Löwe seinen Selbstwert noch rein aus der Anerkennung durch andere ziehen. In seiner reiferen Form gelingt es ihm, seine Selbstsucht zu überwinden und sich seinen Wert aus dem Dienst am anderen und seiner Großzügigkeit zu generieren.

Arnold Schwarzenegger, *30.7.1947, Lebenszahl (31/4), ist ein stimmiger Vertreter dieses Typs. Sein Leistungswille machte ihn zu Beginn seines Lebens zum erfolgreichsten Bodybuilder der Welt. (Löwen lieben es, für ihren Körper bewundert zu werden.) Eine steile Karriere als Schauspieler schloss sich an. Im späteren Leben nutzte er dann seine verantwortungsvolle Anlage für die Politik und wurde Gouverneur von Kalifornien. Die doppelte Zahl 7 in seinem Geburtsdatum half ihm dabei mit ihrem diplomatischen Geschick.

Löwe und die Lebenszahl 5

Hier ist der Löwe ganz in seinem Element, diese Kombination hat eine grandiose Wirkkraft. Wie auch bei jedem anderen Zeichen des Tierkreises ist bei einer doppelten Betonung der Anlagen sowohl Licht wie Schatten besonders stark möglich. Im Licht finden wir hier einen mutigen Vertreter seiner Gattung, der selbstbewusst seine Individualität zur Schau stellt. Im Schatten dagegen ist ein Hang zur Verschwendungssucht und Überheblichkeit möglich. Dieser Typ muss lernen, seine Schattenseiten kennenzulernen, um ihnen ausweichen zu können, nach dem Motto: »Gefahr erkannt, Gefahr gebannt.«

Dann aber findet sich in dieser Kombination ein starker, selbstbewusster Charakter, wie es kaum einen zweiten gibt. Mutig kämpft er für seine Ziele, und der Erfolg ist ihm gewiss, ist er doch bereit, alles dafür zu tun. Dabei ist er immer großzügig und belohnt alle reich, die mit ihm an einem Strang ziehen. Er setzt sich außerdem gern für andere ein und zeigt so seinen Großmut.

Louis Armstrong, *4.8.1901, Lebenszahl (23/5), gehört zu diesem Typus. In ärmlichen Verhältnissen geboren, schaffte er es, als Jazz-Trompeter zum Weltstar zu werden. Später schlossen sich Filmrollen an. Seine unverwechselbare Stimme machte ihn zu einem der bekanntesten Jazz-Sänger. In seinem Geburtsdatum wirkt die Zahl 4 (Strebsamkeit) mit der Zahl 8 (Ausstrahlung und Charisma) dabei förderlich mit.

Löwe und die Lebenszahl 6

Hier kommt es zu einer vorteilhaften Gemeinschaft. Die Energie und der Überschwang des Löwen werden von der eher nüchternen und selbstreflektierten Zahl 6 gemäßigt und ausgewogen. Der Löwe hingegen vermag der manchmal zu perfektionssüchtigen Zahl 6 den nötigen Elan zu verleihen, über kleinere fehlerhafte Details hinweggehen können und das große Ganze zu sehen.

Diesem Typ gelingt es dann sogar, den eigenen Löweanteil wie ein Dompteur zu zähmen, so dass er sich nicht mehr dauernd in den Mittelpunkt stellen muss und bescheidener wird. Unter dieser Kombination finden sich präzise Vordenker und Arbeiter, die mit einem klugen, analytischen Verstand ausgestattet sind.

Der Schriftsteller und Psychiater Alfred Döblin, *10.8.1878, Lebenszahl (33/6), gehört zu seinen Vertretern. Mit großem analytischem Verstand gesegnet, zeigten sich seine Werke jedoch zu durchdacht und komplex für die große Masse. Er blieb darum weitgehend unbekannt, wurde allerdings für sein Werk von der Kritik wie von seinen Autorenkollegen einhellig gelobt.

Weit bekannter ist dafür der zweite Vertreter dieser Kombination, Prof. Harald Lesch, *28.7.1960, Lebenszahl (33/6). Blitzgescheit und mit analytischem Verstand gesegnet, vermag er es, dem Fernsehpublikum selbst komplizierteste Zusammenhänge einfach zu erklären, etwa in »Leschs Kosmos«. Für seine populärwissenschaftlichen Beiträge wurde er mit vielen Preisen ausgezeichnet.

Löwe und die Lebenszahl 7

Die Eleganz und der Schönheitssinn der Zahl 7 finden einen fruchtbaren Nährboden im selbstbewussten, prunksüchtigen Löwen. Dieser Typ vermag sich zu kleiden und verfügt über ein hohes Maß an Ästhetik. Er hat das diplomatische Geschick der Zahl 7, und deren Gemeinschaftssinn passt hervorragend zur geselligen Ader des Löwen. Insgesamt wird dieser Typ gut mit Menschen auskommen, er schafft es leicht, andere mit seiner Begeisterungsfähigkeit anzustecken und sich so an die Spitze einer Gruppe zu tragen. Mutig wird er sich für die Belange der Gruppe einsetzen und dafür kämpfen. Diese Kombination kommt von allen Löwe-Typen am besten bei anderen an wie auch mit ihnen aus.

Es wundert daher kaum, dass der irische Schauspieler Peter O'Toole, *2.8.1932, Lebenszahl (25/7), zu dieser Kombination gehört. Sowohl der Löwe wie auch die Zahl 7 gaben ihm eine Strahlkraft als Schauspieler, für die er in seiner Rolle als »Lawrence von Arabien« mit den höchsten Auszeichnungen geehrt wurde. Dieser Film zählt zu meinen liebsten, und die blauen Augen von O'Toole über der Wüste sind so eindrucksvoll wie unvergesslich.

Löwe und die Lebenszahl 8

Was geschieht wohl, wenn das ohnehin schon ausgeprägte Selbstbewusstsein des Löwen auf die Kraft der Zahl 8 trifft, vorbehaltlos an sich zu glauben? Sicher eine ganze Menge, und so scheint dieser Kombination nichts unmöglich. In frühen Lebensjahren kommt es durchaus vor, dass dieser Charakter noch eher an sich zweifelt und erst langsam reifen und lernen muss, seine wahren Fähigkeiten zu entdecken. Dann aber stehen seinem Charme, seinem Charisma und seinem mutigen Auftreten alle Türen offen.

Wen es also bisher gewundert haben mag, warum Helene Fischer, *5.8.1984, Lebenszahl (35/8), aktuell einen solch grandiosen Erfolg in der deutschsprachigen Unterhaltungsbranche feiert, der findet hier eine schlüssige Erklärung. Denn die machtvolle Zahl 8 kommt außer in ihrer Lebenszahl noch zweimal in ihrem Geburtsdatum vor und wirkt darum gleich dreifach. Die Zahl 5 macht sie zudem noch selbstbewusster und kommt ebenfalls sowohl in ihrer Lebenszahl wie nochmals in ihrem Geburtsdatum vor. Hier wirkt die Zahl 4 schließlich noch mit einer immensen Leistungsbereitschaft mit und unterstützt sie in ihrem Streben nach Erfolg.

Außerdem findet sich hier die deutschstämmige Schauspielerin Sandra Bullock, *26.7.1964, Lebenszahl (35/8). Sie zählt zu den aktuell beliebtesten weiblichen Stars Hollywoods und wurde bereits mit vielen Auszeichnungen, darunter auch dem Oscar, bedacht.

Löwe und die Lebenszahl 9

Die geballte Power der Löweenergie kann hier gewinnbringend in den Drang zur Selbsterkenntnis und Selbstvervollkommnung der Zahl 9 fließen. Eine nicht zu verkennende Gefahr liegt hier darin, dass der Löwe an sich bereits ein recht großes Bild von sich selbst hat, das die Zahl 9 nun auch noch idealisieren und noch mehr überhöhen könnte. Es kann darum immer wieder geschehen, dass dieser Typ das zu große innere Bild seiner selbst auf andere projiziert, die dann eine Zeit lang als Lehrer für ihn fungieren und als Vorbild zur Verwirklichung der hohen ethischen Werte der Zahl 9. Immer wieder wird dieser Typ dann dazu neigen, den Lehrer als nicht gut genug einzustufen, und sich einen neuen suchen – so lange, bis er selbst das Gefühl bekommen hat, am Ziel seiner Suche nach sich selbst angekommen zu sein. Dann wird er selbst zum Vorbild für andere.

Carl Gustav Jung, *26.7.1875, mit der Lebenszahl (36/9), ist ein berühmter Vertreter dieses Charakters. Auf seiner Suche nach Antworten auf die tiefsten Fragen des Lebens war er zuerst langjähriger Schüler von Sigmund Freud, bis er sich mit ihm überwarf und eigene Wege der Psychoanalyse auftat. Dabei wurde er von der analytischen Zahl 6 in Lebenszahl wie Geburtsdatum unterstützt. Schließlich gründete er eine eigene Schule der Psychoanalyse. Heute gilt er als Vorbild für viele andere Suchende, die sich mit der Tiefe der Seele und unserem Unterbewusstsein beschäftigen wollen. Carl Gustav Jung stellt in seiner Persönlichkeit das größte Ideal eines Löwen dar, das zu erreichen ist. Denn im Grunde sucht der Löwe nach seinem individuellen Sein, was von Jung mit dem von ihm entdeckten Individuationsprozess in Zusammenhang gebracht wird.

Sternzeichen Jungfrau
24.8. bis 23.9.

Positive Verhaltensweisen,
die Jungfrau in ihrer bewussten, reifen Form:

anpassungsfähig

analytisch

ordentlich

ehrlich

zuverlässig

diszipliniert

gründlich

Negative Verhaltensweisen,
die Jungfrau in ihrer unbewussten, unerlösten Form:

überkritisch

perfektionistisch

unflexibel

übervorsichtig

unnahbar

rechthaberisch

überängstlich

Die Jungfrau möchte »das Leben schützen«, sich vor allen möglichen auf sie zukommenden Gegebenheiten des Lebens absichern und behüten. Dazu nutzt sie ihren großen Verstand, sie scannt sozusagen die Zukunft ständig ab nach dem, was wohl auf sie zukommen könnte. Sie möchte sich nicht durch etwas Unvorhergesehenes überraschen lassen, was ihr gefährlich werden könnte. Darum muss bei ihr alles geordnet sein, kalkuliert und vorbereitet werden. Dieser Charakterzug lässt sie häufig etwas farblos und unscheinbar erscheinen. Sie ist zudem extrem sachbezogen, und ihr übergroßer Hang nach Ordnung kann manchmal in Pedanterie ausarten.

Die Jungfrau hat eine unbewusste Angst in sich vor den Unwägbarkeiten des Lebens, die sie durch Analytik, Ordnung und genaue Planung zu überwinden sucht. Da sie das Gefühl hat, ständig gefährdet zu sein, lebt sie eher aus einer sicheren Distanz heraus und schafft sich damit einen emotionalen Abstand zur sie umgebenden Welt. Dieses Grundgefühl beschert ihr zum einen eine liebenswerte Bescheidenheit, wird zum anderen aber genährt aus einem unbestimmten Mangel an Vertrauen in sich und die Welt. Die Unbestimmbarkeit des Lebens wirkt auf sie eher bedrückend, will sie doch alles so weit wie möglich überschaubar machen und damit für sich kalkulierbarer.

Ihre Sachbezogenheit und Sachlichkeit ermöglichen es der Jungfrau ganz besonders, sich einer bestimmten Aufgabe zu widmen und dieser hingebungsvoll zu dienen. Ihr gelingt es wie keinem anderen Zeichen, die eigenen Interessen zurückstellen und hinter eine Sache zu treten, um diese dann nach vorn zu bringen. Sie kann sich jedoch so sehr hinter einer Aufgabe verstecken, dass sie selbst unsichtbar wird und dahinter nicht mehr zu sehen ist. Sie selbst geht in ihrem Dienst leicht verloren, und ihre eigenen Bedürfnisse damit ebenfalls. Um ihre Aufgabe gut und genau zu erledigen, schafft sie sich bestimmte Routinen und Abläufe, die sie automatisiert. Dadurch wirkt sie dann auf ihre Umwelt irgendwie leblos und nimmt am Leben um sie herum nicht mehr wirklich teil. Die Jungfrau kann in ihrem Einordnen und Kategorisieren so weit aufgehen, dass sie überkritisch wird und nur noch in Einstufungen von richtig oder falsch denkt. Ihre Fähigkeit, Freude und Begeisterung am Leben zu spüren, droht dann manchmal, verloren zu gehen. Unter Jungfrauen findet sich deshalb eine ganze Reihe von herausstechenden und besonderen Charakteren: Veganer, Diätfans und Makrobiotiker aller Schattierungen, die bei der Ernährung alles richtig machen wollen (um das Leben zu sichern), Putzteufel, Ordnungsfanatiker und Hygienebesessene, denen es nie sauer genug sein kann.

Wie geht eine Jungfrau mit Problemen und Hindernissen in ihrem Leben um? Ganz bestimmt zunächst einmal sehr pragmatisch. Sie analysiert den Sachverhalt, wägt ihre Möglichkeiten ab und passt sich bestmöglich an die Gegebenheiten an. Es wurde mir berichtet, dass eine Jungfrau mit Jungfrau-Aszendent eine Reise durch den Amazonasurwald buchte, nur um nach den zwei Wochen vom Veranstalter gefragt zu werden, ob sie nicht bei ihm selbst als Reiseleiter einsteigen wolle. So gut hatte sich die Jungfrau an die noch so problematischen Umstände dieser Reise angepasst und das Beste daraus gemacht. Sie neigt aber mitunter dazu, sich überpedantisch und übergenau zu verhalten, was manchmal etwas nervig sein kann.

Nun folgt eine Aufzählung aller Kombinationen der Jungfrau mit den einzelnen Lebenszahlen. Es zeigt sich, dass hier oftmals kühle, analytische Denker zu finden sind, wie Goethe oder Alexander von Humboldt. Das Ideal der Jungfrau, die liebende Annahme, wird jedoch von keiner Geringeren als Mutter Teresa verkörpert.

Jungfrau und die Lebenszahl 1

Die kluge und analytische Jungfrau wird durch den impulsiven Einfluss der Zahl 1 aus ihrer Reserve gelockt. Die energiegeladene Zahl 1 wird durch die Jungfrau etwas vorsichtiger und plant besser, was sie tun will. Zusammen schaffen die Zahl 1 und die Jungfrau einen vielseitig interessierten, kraftvollen Charakter, der detailliert zu arbeiten und genau hinzuschauen vermag.

Vorsicht ist jedoch geboten, sollte die Jungfrau die Oberhand gewinnen und dann zu akribisch und perfektionssüchtig werden. Arbeiten werden dann nicht zu Ende gebracht, da immer nochmals verbessernd in das Resultat eingegriffen wird. Der Zahl 1 ist dies zu langatmig, lieber möchte sie wieder etwas Neues beginnen, als sich ständig mit Altbekanntem herumzuschlagen. Mit der notwendigen Reife versteht es diese Kombination, beide Triebkräfte in sich zu bündeln und zu einer funktionierenden Gemeinschaft zu führen.

Ein gutes Beispiel für diese Ausprägung ist der Forschungsreisende und Universalgelehrte Alexander von Humboldt, *14.9.1769, Lebenszahl (37/10). Er befasste sich mit so ziemlich jedem Wissenszweig und suchte hier analytisch nach Gemeinsamkeiten. Sein hohes Ansehen brachte ihm den Titel »Der zweite Kolumbus« ein. Viele seiner grundlegenden wissenschaftlichen Arbeiten führte er nicht zu Ende, da er sich bereits wieder einem neuen Gebiet zugewandt hatte.

Jungfrau und die Lebenszahl 2

Bei dieser Paarung vermischt sich die gemeinschaftsorientierte, harmonische Zahl 2 mit der gründlichen und zuverlässigen Jungfrau. Beide harmonieren gut miteinander, sieht doch die Jungfrau in jeder Situation das Machbare und Mögliche, und die Zahl 2 setzt dies dann in die konkrete Tat um. Zusammen können beide also große Ziele erreichen, bodenständig und diszipliniert, wie sie nun mal sind.

Eine Schwierigkeit könnte im großen Sicherheitsbedürfnis beider liegen. Dann traut sich die Jungfrau nicht genug zu, und die Zahl 2 verharrt lieber im sicheren Schoß der Gemeinschaft, als sich mutig an die Realisierung ihrer guten Pläne zu machen. Diese Kombination wächst darum besonders, wenn sie sich vergegenwärtigt, welche großartigen Ziele sie in der Vergangenheit bereits umgesetzt hat. Sie darf mit Recht stolz darauf sein. Dankbarkeit ist hier ein Schlüssel zum Erfolg und zur Erlangung eines reiferen Bewusstseins.

Bei diesem Typ ließ sich leider kein Beispiel einer bekannten Persönlichkeit finden. Dies begründet sich allein damit, dass hier nur die Lebenszahl (20/2) in Frage kommt und für diese Quersumme in den Monaten August und September im 19. Jahrhundert nur wenige Geburtstage zur Auswahl stehen (z. B. 1.9.1900).

Jungfrau und die Lebenszahl 3

Geistige Ordnung, Gründlichkeit und Analytik im Denken, die Jungfrau bringt in diese Kombination ihre ganzen Fähigkeiten mit ein. Die Zahl 3 wird jedoch in ihrer Aufgabe, nach außen zu gehen und ihre Gefühle auszudrücken, leider eher noch beschränkt. Denn die Jungfrau richtet ihr Augenmerk eher nach innen und beschäftigt sich mehr mit ihren geistigen Überlegungen. Über die Art und Weise, wie sie ihre Gefühle äußern soll, denkt sie darum so lange nach, dass es zumeist gar nicht mehr dazu kommt. Gelingt es dieser Kombination jedoch dann trotzdem, so ist das Ergebnis so durchdacht wie berührend, schlichtweg sensationell.

So wundert es nicht, dass unter diesem Typus der sicherlich größte deutsche Dichter zu finden ist, Johann Wolfgang von Goethe, *28.8.1749, Lebenszahl (39/12/3). Die Tiefe, mit der er Sinn und Zweck unseres Lebens zu analysieren und auszudrücken verstand, zeigt sich besonders in seinem Meisterwerk »Faust«. Die Zahl 8 kommt in seinem Geburtsdatum doppelt vor und gibt ihm gleichsam Charisma wie seelische Tiefe.

In der Neuzeit wird diese Kombination vom Sänger Xavier Naidoo, *2.10.1971, Lebenszahl (21/3), verkörpert. Er versteht es, die Hintergründe seiner eigenen Suche nach Liebe und nach Gott zu durchleuchten und daraus sehr einfühlsame Liedtexte zu schreiben. Seine berührende Stimme ist ein gutes Beispiel für die Ausdrucksfähigkeit der Zahl 3.

Jungfrau und die Lebenszahl 4

Die Fähigkeit, in jedem Moment das Machbare und Umsetzbare zu erkennen, paart sich hier mit dem unbändigen Streben nach Erfolg und großer Leistungsbereitschaft. Gerade der Schatten der Zahl 4, die Ungeduld, wird durch die Gründlichkeit und weise Planung der Jungfrau kompensiert. Im Ergebnis ergibt diese Kombination einen Charakter, der gelernt hat, Schritt für Schritt Großes zu erreichen. Kluger Verstand, Verantwortungsbewusstsein und Zuverlässigkeit zeigen sich hier in gleicher Weise.

Ein Beispiel für diesen Typus ist der Politiker Franz Josef Strauß, *6.9.1915, Lebenszahl (31/4). Bayernweit legte er in seiner Jugend das beste Abitur seines Jahrgangs ab. Seine Leistungsbereitschaft verschaffte ihm eine steile politische Karriere, mehrmals war er Minister und später sogar Kanzlerkandidat. Er war bekannt dafür, selbst längere pointierte Reden frei und ohne Manuskript halten zu können.

Jungfrau und die Lebenszahl 5

Die lebensfrohe und kontaktfreudige Zahl 5 schenkt der Jungfrau ein Stück Selbstbewusstsein, das sie sehr gut gebrauchen kann. Beschäftigt sie sich doch nur zu gern mit sich selbst und analysiert, wo sie etwas hätte noch besser machen können. Andererseits ist es gerade die Disziplin der Jungfrau, die bei der Zahl 5 so nötig ist, um die innere Freiheit zu erlangen, nach der sie sich so sehr sehnt.

Insgesamt resultiert aus der Zusammenführung von Jungfrau und der Zahl 5 ein Charakter mit »deutschen Tugenden«, jedoch mit einem guten Schuss Freiheitsdrang gewürzt.

Günter Netzer, *14.9.1944, Lebenszahl (32/5), gehört zu diesem Typus und war einer der begnadetsten Spielemacher im deutschen Fußball, der ein Spiel »lesen«, also analysieren konnte. Er war bei aller Disziplin für seine Extravaganzen und seinen Freiheitsdrang bekannt. Die gleich dreifach in seinem Geburtsdatum vorkommende Zahl 4 sowie die Zahl 9 machen ihn extrem zielgerichtet und geschäftstüchtig. Er ist sicherlich der Fußballer mit dem besten Sinn für Geld. Noch in der aktiven Zeit gab er nebenbei die Stadionzeitung heraus, heute handelt er mit Fernsehrechten und ist damit sehr erfolgreich.

Claudia Schiffer, *25.8.1970, Lebenszahl (32/5), interpretiert diesen Typ auf andere Weise. Ihre Disziplin und ihr großes Selbstbewusstsein machten sie zu einem der bekanntesten Supermodels der Welt. Ihr besonderer, leicht unterkühlt wirkender Charme entspringt ihrer verstandesbetonten Jungfrau-Note.

Jungfrau und die Lebenszahl 6

Wie bei allen Kombinationen der Sternzeichen mit den Lebenszahlen gibt es immer eine darunter, die das Sternzeichen wie auch die Lebenszahl besonders betont. Hier, bei diesem Typus, liegt dieser Fall vor. Jede Eigenschaft der Jungfrau, sei sie nun gut oder eher nicht so gut, wird hier verstärkt. Im Licht finden wir daher einen Charakter vor, der besonders gut analytisch zu denken versteht, exakt und genau arbeitet und der anpassungsfähig ist wie kaum ein zweiter. Im Schatten zeigt sich dieser Typ überängstlich, perfektionistisch und unnahbar, um keine Fehler zu machen und so keine Angriffsfläche für Kritik zu bieten.

Ein Vertreter, der sowohl mit Licht wie auch Schatten dieser Prägung gesegnet wurde, war der Popsänger Michael Jackson, *29.8.1958, Lebenszahl (42/6). Er gilt als der erfolgreichste Sänger aller Zeiten und wurde mit dem Titel »King of Pop« geehrt. Neben allen positiven Eigenschaften dieser Kombination, die ihn zu diesem großartigen Erfolg führten, traten bei ihm gleichzeitig auch die Schattenseiten zu Tage, wie Perfektionssucht und Unnahbarkeit. Auf seiner Farm *Neverland* zog er sich in seine eigene perfekte Traumwelt zurück. Die doppelte Zahl 8 in seinem Geburtsdatum verlieh ihm seine große Ausstrahlung.

Jungfrau und die Lebenszahl 7

Die Gründlichkeit und der scharfe Verstand der Jungfrau gesellen sich hier zur Diplomatie und dem Gemeinschaftssinn der Zahl 7. Dieser Charakter vermag genau zu erkennen, wie eine Gruppe funktioniert, und es fällt ihm leicht, Absichten anderer Gruppenmitglieder zu durchschauen. Dies prädestiniert diese Persönlichkeit für das politische Parkett.

Eine Schwäche gilt es bei dieser Kombination jedoch zuerst zu überwinden, und das ist ihr mangelndes Selbstbewusstsein. In jungen Lebensjahren ist die Jungfrau zu sehr mit ihren eigenen Fehlern beschäftigt, zudem ist die Zahl 7 zu diesem Zeitpunkt noch gern übersensibel und wird leicht von ihren Gefühlen übermannt. Bewusster geworden, vermag es diese Kombination, Feingefühl und Intuition analytisch zu nutzen und für ihre Absichten einzusetzen. Sie weiß und spürt besser als andere, wie ein Plan mit Hilfe der Gruppe in die Tat umzusetzen ist.

Ein Beispiel für diesen Typ ist der Politiker Wolfgang Schäuble, *18.9.1942, Lebenszahl (34/7). Er wurde in verschiedenen Regierungen zum Minister ernannt und ist aktuell der Präsident des Deutschen Bundestages. Er wird für seinen kritischen Verstand gefürchtet. Unter dieser Lebenszahl finden sich auffällig oft Politiker, auch Angela Merkel oder Horst Seehofer haben diese Zahl.

Jungfrau und die Lebenszahl 8

Die Zahl 8 verleiht der Jungfrau (so wie jedem anderen Sternzeichen auch) eine besondere Strahlkraft und Würde – hier in besonderem Maße, da sowohl die Jungfrau wie auch die Zahl 8 geistig orientiert sind und daher mit der Kraft der Vorstellung arbeiten. Je nach Reife und Bewusstheit wird diese Persönlichkeit die Veranlagung lichtvoll oder eher im Schatten leben, eben ihrer Vorstellung gemäß.

Im Licht werden damit die Gründlichkeit, die Zuverlässigkeit und der scharfe analytische Verstand verstärkt, im Schatten mehr die Perfektionssucht, die Unnahbarkeit und die Rechthaberei. Auf jeden Fall finden wir unter dieser Kombination einen Charakter, der schillernd ist und aus der Masse heraussticht.

Ein Beispiel für diesen Typus ist der Modeschöpfer Karl Lagerfeld, *10.9.1933, Lebenszahl (26/8). Durch die Tugenden dieser Kombination gefördert, wurde er zu einem der einflussreichsten und angesehensten Modedesigner weltweit. Andererseits ist er bekannt für seine kritischen und manchmal rechthaberischen Meinungen und Stellungnahmen, die er gern auch ungefragt von sich gibt. Die Ausprägung seiner Jungfrau wird durch die Zahl 6 in seiner Lebenszahl (26/8) noch unterstützt.

Jungfrau und die Lebenszahl 9

Die Lebenszahl 9 fordert von der Jungfrau, sich zum Besten zu entwickeln, was diesem Sternzeichen möglich ist. Sie lässt die Jungfrau nach ihren hohen ethischen und moralischen Grundsätzen handeln. Auf der anderen Seite durchschaut die kluge Analyse der Jungfrau die vorliegenden Möglichkeiten im Leben und sieht genau, wie dieser Weg zur Vervollkommnung am besten zu beschreiten wäre.

Die Jungfrau hat ihren klugen Verstand entwickelt, um das Leben vor aller Unbill des Schicksals schützen zu können. Was ist ihr höchstes Ideal? Die Zahl 9 bringt es hervor, und in ihrer höchsten Form entwickelt sich die Jungfrau zur anpassungsfähigen, annehmenden, liebevollen Persönlichkeit, die hohe Wertvorstellungen hat und einer großen Sache dient.

Mutter Teresa, *26.8.1910, Lebenszahl (27/9), ist der wohl aussagekräftigste Vertreter dieses Typus. Ende 2016 wurde sie für ihre mildtätige und aufopferungsvolle Arbeit in den Slums von Kalkutta heiliggesprochen. Ihre Aussagen über ihren Glauben zu Gott – etwa: »Ich bin nur das Kabel, Gott ist der Strom.« –, der ihr die Kraft zu diesem großen Werk gegeben hat, wirken fort und lassen sie zum Vorbild für viele Menschen werden.

Sternzeichen Waage
24.9. bis 23.10.

Positive Verhaltensweisen,
Waage in ihrer bewussten, reifen Form:

ausgleichend

ästhetisch

harmonisierend

diplomatisch

unterstützend

gerecht

respektvoll

Negative Verhaltensweisen,
Waage in ihrer unbewussten, unerlösten Form:

sich selbst verleugnend

immer nur nett sein wollen

unentschlossen

schwankend

leicht beeinflussbar

eitel

abhängig

Mit der Waage beginnt die zweite Hälfte des Tierkreises, die Waage steht damit dem ersten Zeichen Widder gegenüber und ist in ihrem Verhalten in so manchem sein genaues Gegenteil. Wenn der Widder sich durchsetzen möchte, dann nimmt die Waage sich zurück. Ihr ist besonders an Harmonie und Ausgleich in ihrer äußeren Welt gelegen, was sie diplomatisch und kompromissbereit macht. Sie orientiert sich gerne an anderen, bindet sich an sie und bringt ihre Persönlichkeit vor allem in der Zusammenarbeit mit anderen zum Ausdruck.

In ihren Handlungen ist die Waage sehr bemüht, Schönheit und Anmut zu verkörpern. Sie ist diszipliniert und besitzt einen stark entwickelten Gerechtigkeitssinn. Ihr fällt es sehr leicht, sich in die Haut eines anderen zu versetzen, um dessen Standpunkt zu verstehen. Sie lebt so sehr für den anderen, im anderen, dass sie sich schnell verloren fühlt, wenn sie auf sich allein gestellt ist. Lieber ist es ihr, im Team oder in der Gruppe zu arbeiten und zu sein.

Die Waage trägt in sich das Ideal einer Welt, in der es nur Schönheit und Gerechtigkeit gibt. Ihr liebstes und favorisiertes Lebensgefühl ist eine heitere Gelassenheit. Ihre große Neigung, mit anderen zusammen zu sein, führt leicht zu einer Abhängigkeit von den Streicheleinheiten und Sympathien von Freunden und Bekannten. Konflikte sind ihr ein Gräuel, und darum gleicht sie Reibungen und Spannungen in ihrer Umwelt voll Diplomatie und Anpassungsfähigkeit immer wieder aus, manchmal auf Kosten ihrer eigenen Bedürfnisse.

Dann neigt die Waage dazu, sich zu sehr an andere anzupassen. Statt ihre Meinung zu äußern und zu ihr zu stehen, verbleibt sie dann lieber in einer meinungslos wirkenden Unentschiedenheit. Immer in Sorge, Sympathien zu verlieren, passt sie sich lieber zu sehr an, da ihr inneres Gleichgewicht sehr vom Außen abhängig ist.

Darum kann sie auch nie Nein sagen und macht häufig Zusagen, die sie dann doch nicht halten kann. Es ist ihr daher auch nicht möglich, wirklich zu streiten, lieber steckt sie etwas hilflos den Kopf in den Sand.

Eine zweite Schwierigkeit dieses Zeichens hängt eng damit zusammen. Immer, wo sich die Waage zwischen zwei Möglichkeiten entscheiden muss, ist sie gezwungen, zum einen Ja und zu dem anderen Nein zu sagen. Im ständigen Drang, alles zu harmonisieren und auszugleichen, wird ihr dann jede Entscheidung dafür oder dagegen zur Qual. Ihr Haupttenor ist nämlich ein diplomatisches »Sowohl-als-auch«, das in unserer Welt der Gegensätze jedoch nicht ständig zum Tragen kommen kann. Darum wägt sie ab und überlegt hin und her – und findet dann doch keine Lösung, die ihren Wertmaßstäben genügen würde. Oft dauert dieser Prozess so lange an, dass sie sich gar nicht entscheidet oder gar das Leben oder andere für sich entscheiden lässt. Eine Gefahr liegt hier darin, diese Unfähigkeit, sich nicht entscheiden zu können, mit Großzügigkeit oder Toleranz zu verwechseln. Manchmal hat die Waage nämlich die Neigung, sich selbst und die Welt durch eine rosarote Brille zu betrachten, die alles schönfärben soll. Tatsächlich handelt es sich bei der chronischen Unentschiedenheit aber um eine Schwäche des Zeichens.

Eine Lösung dieser Waage-Thematik findet sich in Vertrauen zu sich und den eigenen Gefühlen. Dort liegt die Quelle der Intuition und damit der Gewissheit, und wenn sie lernt, auf ihre innere Stimme zu hören, werden der Waage Entscheidungen leichter fallen. Dann braucht sie niemanden mehr, der ihr sagt, was sie tun soll. Denn die wahren Antworten kann sie nur in sich selbst finden.

Wie geht die Waage mit Problemen und Hindernissen in ihrem Leben um? Bei der Waage hat jedes Ding zwei Seiten, und darum kann sie sich einfach nie so rasch entscheiden. Soll sie nun rechtsherum um das Problem herumgehen oder lieber linksherum? Beides hat seine Vor-, aber auch einige Nachteile. All dies will genau überlegt sein. Und das kann eine Weile dauern. Hat die Waage sich aber einmal entschieden, darf man sicher sein, dass der Lösungsweg allen Schönheitskriterien Genüge tun wird. Harmonie und Ästhetik sind nun mal ihr Steckenpferd.

Nun kommen wir zu den Kombinationen der Waage mit den Lebenszahlen. Typischerweise sind dies Menschen, die ausgleichend auf die Gesellschaft einwirken, das beste Beispiel dafür ist Mahatma Gandhi. Es finden sich jedoch auch einige Politiker darunter, wie Margaret Thatcher oder Wladimir Putin.

Waage und die Lebenszahl 1

Die ausgleichende und harmonisierende Waage wird von der Zahl 1 mit viel Energie aufgeladen. Das macht sie zielstrebiger und weniger unentschlossen, da die Zahl 1 auf eine schnelle Lösung drängt. Die große Energie der 1 wird andererseits durch den Einfluss der Waage weniger oft mit dem Kopf gegen die Wand rennen und stattdessen diplomatischere Wege finden, um ihren Willen durchzusetzen.

Insgesamt führt diese Kombination dazu, dass solche Charaktere dazu in der Lage sind, gut funktionierende Teams zu bilden, an deren Spitze sie sich dann stellen. Sie haben Ideen, die sie der Gruppe vermitteln und mit deren Hilfe sie sie dann auch gezielt umzusetzen verstehen. Ihr gutes Durchsetzungsvermögen ist an die Umstände angepasst.

Bruce Springsteen, *23.9.1949, Lebenszahl (37/10), ist einer der bekanntesten und erfolgreichsten Rockinterpreten, besonders in den Vereinigten Staaten von Amerika. Er erhielt zahlreiche Preise und Auszeichnungen. Sein Spitzname wurde treffenderweise »The Boss«. Die dreifache Zahl 9 in seinem Geburtsdatum unterstützt seinen Führungsanspruch.

Wolfgang Overath, *29.9.1943, Lebenszahl (37/10), ist ebenfalls hier zu finden. Er war lange Jahre Mannschaftskapitän und Spielführer des 1. FC Köln und wurde später Präsident dieses Vereins. 1974 wurde er mit der deutschen Fußballnationalmannschaft Weltmeister. Seine hohen Ziele und Ambitionen werden durch die Zahl 9 in seinem Geburtsdatum unterstützt, die gleich dreifach vorkommt.

Waage und die Lebenszahl 2

Die Waage wird durch die Zahl 2 in ihren Eigenschaften besonders unterstützt. Dies betrifft alle ihre Charaktereigenschaften, sowohl die lichtvollen als auch die weniger hellen. Somit kann dieser Typus besonders ausgleichend und unterstützend werden, ebenso aber auch noch unentschlossener und abhängiger von anderen. Hilfreich kann hier vor allem ein gesunder Egoismus wirken, der darauf abzielt, sich selbst manchmal an die erste Stelle zu setzen. Eine reife Zahl 2 hat verstanden, die Zahl 1 zu integrieren, und legt doch ihr Augenmerk immer darauf, sich um andere und deren Bedürfnisse zu kümmern.

Ein Beispiel für diese Kombination ist einer der Helden meiner Kindheit, Hoimar von Ditfurth, *15.10.1921, Lebenszahl (20/2). Der habilitierte Mediziner war einer der Ersten, der im Fernsehen der 70er Jahre wissenschaftliche Zusammenhänge begeisternd zu vermitteln verstand (Sendung »Querschnitte«). Entsprechend seiner Prägung setzte er sich später für den Schutz der Umwelt ein und war in der Friedensbewegung aktiv.

Waage und die Lebenszahl 3

Der mehr auf andere gerichtete Blick der Waage wird durch das Einfühlungsvermögen der Zahl 3 noch mehr verstärkt. Darum ist dieser Typ dafür prädestiniert, mit anderen Menschen zusammenzuarbeiten und ausgleichend in Gruppen zu wirken, etwa im Personalbereich oder im Sozialwesen. Vorsicht ist geboten, da die Zahl 3 in ihrer Launenhaftigkeit die leichte Beeinflussbarkeit der Waage unterstützt und sie noch unentschlossener werden lassen kann. Darum ist es hier besonders wichtig, der Zahl 3 Ausdrucksmöglichkeiten für ihre Gefühle zu verschaffen, sei es künstlerisch oder durch soziales Engagement.

Ein Vertreter dieses Typs ist der Unternehmer und Erfinder Robert Bosch, *23.9.1861, Lebenszahl (30/3). Er begründete mit seinen Ideen die heutige Robert Bosch AG. Bemerkenswert ist seine große Anteilnahme an den Bedürfnissen seiner Belegschaft. Schon Anfang des 19. Jahrhunderts reduzierte er als einer der Ersten die Arbeitszeit seiner Mitarbeiter auf nur noch 8 Stunden täglich.

Waage und die Lebenszahl 4

Hier gesellt sich die Strebsamkeit und das Verantwortungsbewusstsein der Zahl 4 zum diplomatischen und ausgleichenden Geschick der Waage. Dieser Typ trägt damit zwei Seelen in seiner Brust. Zum einen möchte er sich für die Belange einer Gruppe einsetzen und so andere unterstützen. Zum anderen verschreibt er sich gern einer Aufgabe und setzt sich vorbehaltlos für deren Umsetzung ein. Beide Eigenschaften machen ihn zu einem wichtigen Teil jeder Gemeinschaft.

Vorsicht ist jedoch geboten, da Vertreter dieser Kombination es jedem recht machen wollen, nur nicht sich selbst. Hinter der Gruppe wie der Aufgabe tritt der Einzelne allzu leicht zurück und verschreibt sich mit Haut und Haar der Firma oder gleich, wie im Beispiel, einem ganzen Land. Dieser Typ kann leicht zum arbeitssüchtigen Workaholic werden.

Solch eine Kombination ist zu finden bei Margaret Thatcher, 13.10.1925, Lebenszahl (22/4). Die britische Politikerin war lange Zeit Premierministerin von Großbritannien. Bekannt wurde sie durch den von ihr vertretenen und wirtschaftlich notwendigen harten Sparkurs, der ihr den Beinahmen »Eiserne Lady« einbrachte.

Waage und die Lebenszahl 5

Umgänglich und auf jedem Parkett gewandt, vermag die Waage es gut, jedem zu gefallen und jeden für sich einzunehmen. Die Zahl 5 verleiht ihr dazu noch Selbstbewusstsein und passt hervorragend zur geselligen Ader der Waage. Beiden gemeinsam ist außerdem ein Sinn für Schönheit und für die schönen Dinge des Lebens. Die freiheitsliebenden Komponenten der Zahl 5 werden jedoch durch die gruppenbezogene Art der Waage immer wieder in ihre Schranken gewiesen. Diesen Wettstreit gilt es bei dieser Kombination unter einen Hut zu bringen. Am besten gelingt dies dem reiferen Charakter dieses Typs, der gelernt hat, durch Selbsterkenntnis innere Freiheit zu erlangen. Dann fühlt er sich von Gruppen weniger eingeschränkt.

Der Autor und Journalist Oswalt Kolle, *2.10.1928, Lebenszahl (23/5), ist vor allem durch seine Kinofilme zur sexuellen Aufklärung bekannt geworden. Er interpretierte diesen Typus, indem er sich für mehr sexuelle Freiheit in der Gesellschaft einsetzte.

Naturgemäß finden sich unter dieser Kombination außerdem viele Schauspieler, wie Walter Matthau, *1.10.1920, Lebenszahl (14/5). Bekannt wurde er durch Komödien mit seinem Kollegen Jack Lemmon. Er erhielt zahlreiche Preise, darunter den Oscar.

Waage und die Lebenszahl 6

Der Sinn für Harmonie und das Taktgefühl der Waage finden hier zur geistigen Präzision und Analysefähigkeit der Zahl 6. Gemeinsam sind beide in der Lage, die in einer Gruppe und Gemeinschaft vorherrschenden Schwingungen zu durchschauen und harmonisch auszugleichen.

Eine Gefahr besteht jedoch darin, dass die Zahl 6 manchmal zu genau und detailversessen ist – und in ihrem Hang, es noch besser machen zu wollen, endlos weiter überlegt. Dies kann das Dilemma der Waage verstärken, die keinem wehtun möchte und sich darum für keine von zwei Möglichkeiten entscheiden kann. Im schlimmsten Fall hat man dann einen dauerhaften Schwebezustand, bei dem nichts vorangeht. Dieser Typ sollte darum vor allem lernen, immer wieder einen Schritt nach vorn zu machen, auch wenn er sich später als falsch herausstellen sollte.

John Lennon, *9.10.1940, Lebenszahl (24/6), ist der vielleicht bekannteste Vertreter dieser Kombination. Gemeinsam mit Paul McCartney gründete er die erfolgreichste Musikband der Welt, die Beatles, für die beide gemeinsam die Kompositionen schrieben.

Außerdem treffen wir bei diesem Typus auf den Philosophen und Schriftsteller Friedrich Nietzsche, *15.10.1844, Lebenszahl (24/6). Sein analytisches Denken drang tief in die philosophischen Denkgebäude seiner Zeit ein und wirkt noch heute fort.

Waage und die Lebenszahl 7

Wie durch die Zahl 2, so wird die Waage auch durch die Zahl 7 am meisten in ihren Charaktereigenschaften verstärkt. Dies bedeutet für diese Ausprägung, noch respektvoller und harmoniebedürftiger zu sein, als die Waage es sowieso schon ist. Zudem ist man noch beeinflussbarer und abhängiger von anderen. Die Zahl 7 schenkt diesem Typ daneben ein gesteigertes Einfühlungsvermögen. Darum kann es hier besonders wichtig sein, manchmal Zeit mit sich allein zu verbringen, um frei von äußeren Einflüssen wieder bei sich selbst anzukommen und so die eigenen Bedürfnisse wahrnehmen zu können. So kann Kraft gewonnen werden, die reiferen Charakteren dann die Bereitschaft schenkt, Verantwortung zu tragen, etwa in der Politik. Dieser Typ ist für die Diplomatie geboren.

Edmund Stoiber, *28.9.1941, Lebenszahl (34/7), ist ein deutscher Politiker und gehört zu dieser Kombination. Er war langjähriger Ministerpräsident von Bayern und späterer Kanzlerkandidat.

Ein weiterer Vertreter dieses Typs ist Wladimir Putin, *7.10.1952, Lebenszahl (25/7). Er ist aktueller Ministerpräsident Russlands und gehört damit zu den mächtigsten Männern der Welt.

Waage und die Lebenszahl 8

Die Zahl 8 verstärkt mit ihrer Strahlkraft die ästhetische Wirkung des Sternzeichens Waage nach außen. Solche

Menschen haben Charisma und werden von anderen als schön empfunden. Sie sind mit einer besonderen Willenskraft (Zahl 8) ausgestattet und darum befähigt, große Ziele zu erreichen und Bekanntheit in einer Gemeinschaft zu erlangen.

Eine Gefahr liegt hier – besonders in jüngeren Lebensjahren – noch in einem gewissen Selbstzweifel, der aber durch die gewonnene Lebenserfahrung immer mehr in den Hintergrund tritt und dem festen Glauben an sich und seine Fähigkeiten Platz macht. Denn dieser Charakter ist wirklich mit großen Fähigkeiten gesegnet, ob er es glaubt oder nicht.

Ein Beispiel für diese Kombination ist die Schauspielerin Romy Schneider, *23.9.1938, Lebenszahl (35/8). Sie erlangte durch ihre Rolle als österreichische Kaiserin Sissi Berühmtheit und ebnete damit den Weg für ihren Welterfolg. Sie bezauberte ihr Publikum, vor allem in Frankreich, durch ihre charismatische Ausstrahlung und erhielt zahlreiche Preise und Ehrungen.

Waage und die Lebenszahl 9

Die Zahl 9 ist mit sehr hohen ethischen und moralischen Wertvorstellungen verbunden und drängt die Waage, so wie auch jedes andere Zeichen, sich in ihren Charaktereigenschaften bestmöglich zu vervollkommnen. Damit sind die ausgleichenden und harmonisierenden Kräfte der Waage gefordert, nicht nur verborgen in einer Gruppe, sondern richtungsweisend als sichtbares Vorbild für andere wirksam zu werden.

Die Waage hilft der Zahl 9 beim Erreichen ihres hehren Ziels, indem sie mit viel Respekt und Diplomatie entgegengesetzte Widerstände ausgleicht. Vereinen sich beide Kräfte, die der Waage und die der Zahl 9, in einem reifen, sich selbst verwirklichenden Charakter, so kann eine Persönlichkeit entstehen, die wegweisend für viele andere werden kann. Wie hier in unserem Beispiel:

Mahatma Gandhi, *2.10.1869, Lebenszahl (27/9), trat an die Spitze der indischen Unabhängigkeitsbewegung und vermochte es durch seine Persönlichkeit und Ausstrahlung, Indien vom Britischen Empire zu lösen und zu einem eigenständigen Staat zu machen. Dabei wendete er häufig die Taktik des »gewaltlosen Widerstands« an. Durch und durch Pazifist, stammt von ihm der Satz: »Du und ich, wir sind eins. Ich kann dir nicht wehtun, ohne mich selbst zu verletzen.« Er darf wohl als eines der größten Vorbilder dafür gelten, was ein einzelner Mensch auf dieser Welt an positiver Veränderung bewirken kann.

Noch eine zweite Vertreterin dieser Kombination möchte ich hier anführen, und zwar die große Louise Hay, *8.10.1926, Lebenszahl (27/9). Ich möchte sie als »Grande Dame« der spirituellen Bewegung bezeichnen, da sie mit ihren Büchern wie »Heile deinen Körper« ihren vielen Lesern den Weg ebnete, sich ernsthaft mit der Kraft der Liebe auseinanderzusetzen. Für viele wurde sie damit zum Vorbild, ihre Bücher wurden millionenfach verkauft.

Sternzeichen Skorpion

24.10. bis 22.11.

Positive Verhaltensweisen,
der Skorpion in seiner bewussten, reifen Form:

entschlossen

diszipliniert

wachstumsorientiert

willensstark

tiefgründig

transformierend

Negative Verhaltensweisen,
der Skorpion in seiner unbewussten, unerlösten
Form:

nachtragend

fixiert

manipulierend

rücksichtslos

widerstrebend

zwanghaft

besitzergreifend

Das Zeichen Skorpion liegt dem Stier gegenüber. Wenn
der Stier weltlich und erdverbunden ist, so zeigt sich der
Skorpion im Gegenteil mehr am Unsichtbaren interessiert
und an dem, was hinter den Dingen verborgen liegt. Alles

Unentdeckte und Dunkle reizt ihn ungemein. Er will den Dingen auf den Grund gehen und schreckt dabei manchmal vor nichts zurück. Der Skorpion möchte insgeheim Macht über das Leben und die Natur bekommen, möchte in die Geheimnisse der Schöpfung eintauchen. Was er dabei erforscht, erfasst ihn, es soll ihn wandeln, und sein Drang, die Geheimnisse des Lebens kennenzulernen, ist kaum zu stillen. Skorpione haben damit das Leitbild des Alchemisten, ihre Stärke liegt im eindringlichen Erforschen des Lebens. Er kann dabei Geburtshelfer sein im Erkennen unbewusster seelischer Hintergründe.

In seinem Ehrgeiz ist der Skorpion unbeirrbar und durchsetzungsfähig, manchmal sogar bis zur Selbstaufgabe. Oft sind diese Menschen von einer ungewöhnlich starken Ausstrahlung umgeben, die andere magisch anzieht. Skorpione sind häufig mit Ausnahmebegabungen gesegnet, sie sind voller Energie und verfügen über eine außergewöhnliche Regenerationskraft. Menschen unter diesem Zeichen besitzen die Kraft, andere zu lenken und zu beeinflussen, und es hängt alleine von ihrer Reife und Entwicklung ab, ob sie diese Macht zum Guten oder Schlechten verwenden.

Die Kraft der Gedanken ist im geistigen Haus des Skorpions beheimatet. Diese Macht des Geistes will wohlüberlegt vom Skorpion eingesetzt werden, denn sie kann zum Guten oder weniger Guten verwendet werden. Diese Kraft vermag der Skorpion ganz genau auf ein Ziel zu lenken, und seine Sucht nach Erfolg macht es ihm schwer, wenn andere besser sind. Dann kann es zu Machtkämpfen kommen, wo es darum geht, wer den anderen beherrscht.

Dem Skorpion wurde die Fähigkeit geschenkt, andere zu lenken und auch als Leitfigur für Interessengruppen zu dienen. Er hat die Gabe, seine Umgebung auf subtile Weise zu manipulieren und zu beeinflussen, weshalb er diese Fähigkeit wohlüberlegt und dosiert einsetzen sollte.

Im Skorpion ist ein großes Wissen um die Notwendigkeit, dass eine Erlösung auf dieser Welt nur durch geistige Entwicklung zu finden sein kann. Er beschäftigt sich darum intensiv mit den großen Fragen des Lebens, wie Tod und Sterben, Transformation und geistiges Wachstum. Demzufolge finden sich unter diesem Zeichen Persönlichkeiten mit der vielleicht größtmöglichen Spannweite zwischen Licht und Schatten, die mit großem Mut forschend zu inneren Erkenntnissen vorstoßen, vor denen andere oftmals zurückschrecken.

Wie geht der Skorpion mit Problemen und Hindernissen in seinem Leben um? Für alles hat ein Skorpion einen siebten Sinn, und schon beim ersten Hinschauen erkennt er sofort, wie das Problem am besten zu lösen sein könnte. Natürlich trübt er dabei kein Wässerchen und lässt niemanden ahnen, dass er die Lösung bereits kennt. Geheimnisvoll, wie er ist, setzt er lieber auf den Überraschungsmoment, denn dann ist der Knalleffekt doch viel größer – und seine Freude daran natürlich auch. Seinen Lösungsweg wird niemand übersehen können, und wahrscheinlich sprechen die Menschen noch Jahre später davon. Denn oft sind seine Lösungen radikal und manchmal bleibt dabei kein Stein auf dem anderen.

Schauen wir uns nun die einzelnen Kombinationen des Zeichens Skorpion mit den Lebenszahlen an, so fällt auf, dass wir hier oftmals charismatische Persönlichkeiten antreffen wie Pablo Picasso oder Martin Luther, die eine große Ausstrahlung und Einfluss auf andere Menschen haben können.

Skorpion und die Lebenszahl 1

Die Durchsetzungsfähigkeit der Lebenszahl 1 trifft auf die Willensstärke und die Entschlossenheit des Zeichens Skorpion, da versteht es sich von selbst, dass wir bei diesem Charakter auf einen Menschen stoßen, der sich aus der Masse abhebt und andere in seinen Bann zu schlagen versteht. Dieser Mensch weiß, was er erreichen möchte, und er hat die notwendige Ausstrahlung, andere hinter sich zu scharen.

Kaum eine Kombination hat mehr Energie und Lebenskraft. Darum ist es hier noch dringlicher, eine Idee zu finden, für die dieser Typ seinen immensen Tatendrang einsetzen möchte. Wie immer beim Skorpion geht es bei dieser Kombination aber um die Kraft des Geistes und des Glaubens, der hier die sprichwörtlichen Berge versetzen kann.

Diese Kombination ist zu finden bei Martin Luther, *10.11.1483, Lebenszahl (19/10), dem großen Reformator der Kirche, durch dessen Einfluss die evangelische Kirche und der Protestantismus entstanden. Die Zahl 1 wird bei ihm noch verstärkt, da sie gleich viermal im Geburtsdatum auftritt. Außerdem zeigt seine Lebenszahl (19/10), wie sehr er sich durch die Wirkung der Zahl 9 ethischen und christlichen Werten verbunden fühlte, für die er sogar sein Leben aufs Spiel setzte, lief er doch immer Gefahr, als Ketzer angeprangert zu werden.

Skorpion und die Lebenszahl 2

Die große Vorstellungskraft des Skorpions trifft hier auf den Realitätssinn der Zahl 2. Dieser Charakter zeichnet sich besonders durch seine Bodenständigkeit aus und durch seine große Schaffenskraft. Die geistige Entschlossenheit des Skorpions fordert die eher träge und auf den anderen Menschen oder die Umwelt fixierte Zahl 2 immer wieder auf, aus der Deckung zu kommen und das angestrebte Ziel anzusteuern, dem der Skorpion sich verschrieben hat. Dieses Ziel ist im skorpionischen Sinne immer damit verbunden, zu verwandeln, zu transformieren und Veränderungen herbeizuführen.

Eine Aufgabe dieser Kombination liegt vor allem darin, die große Bindung der Zahl 2 an den anderen zu überwinden und frei zu werden von Abhängigkeiten, bei denen man glaubt, an andere gebunden zu sein. Wird dieser Typ frei und kann seine Schaffenskraft im eigenen Sinn ausdrücken, berührt er mit seinem Tun ganz besonders, da es ihm als Skorpion gelingen kann, dabei aus einer tiefen seelischen Quelle zu schöpfen, die uns alle unbewusst verbindet.

Claude Monet, *14.11.1840, Lebenszahl (20/2), ist ein Vertreter dieses Typs. Er gilt als einer der wichtigsten Begründer des Impressionismus. Bei dieser Stilrichtung der Malerei geht es vor allem darum, eine Impression, einen flüchtigen Eindruck im Bild festzuhalten, was Monet zur Perfektion brachte. Von ihm stammt der Ausspruch: »Ich will das Unerreichbare (malen).« Seine Bilder werden heute zu exorbitant hohen Preisen gehandelt.

Loriot, *12.11.1923, Lebenszahl (20/2), gehört ebenfalls zu dieser Kombination. Sein Humor basiert vor allem darauf, mit dem scharfen Auge des Skorpions das (allzu) menschliche Verhalten und den Alltag (Zahl 2) genau zu beobachten, um das Komische darin herauszustellen. Kaum jemand vermochte es, den Eigenarten der Deutschen auf so tiefsinnige Art einen Spiegel vorzuhalten.

Skorpion und die Lebenszahl 3

Die Zahl 3 scheut sich eher davor, ihre Gefühle zu zeigen und versteckt sie lieber hinter einem ausgeprägten Verstand. In Kombination mit dem Zeichen Skorpion gelingt ihr dies jedoch nicht allzu lange. Denn kaum eine andere Zahl unterstützt dieses Sternzeichen mehr in seiner sowieso schon vorhandenen Gabe, tiefgründig zu sein und voller Ausdruckskraft. Die Ausstrahlung und das Charisma dieses Typs sind unübersehbar.

Leider sind mit dieser Kombination auch einige negative Verhaltensweisen verbunden, wie die Fähigkeit, andere zu manipulieren und so von ihnen Besitz zu ergreifen. Die Herausforderung liegt darin, sich der großen Kräfte dieser Kombination bewusst zu werden und bereit zu sein, sich geistig immer weiterzuentwickeln.

Ein gutes Beispiel für diesen Typ ist Jodie Foster, *19.11.1962, Lebenszahl (30/3). Diese charismatische

Schauspielerin und Regisseurin wurde schon als Kind zum Star und erhielt zahlreiche Auszeichnungen, darunter zweimal den Oscar. Sie zählt zu den bestbezahlten Schauspielerinnen. Ihr rascher Weg an die Spitze wird durch die Zahl 1 in ihrem Geburtsdatum verstärkt, wo sie gleich mehrfach vorkommt.

Skorpion und die Lebenszahl 4

Auch bei dieser Kombination wird der Skorpion in seinem Tatendrang und seiner Willensstärke unterstützt, denn die Zahl 4 schenkt ihm außerdem noch Strebsamkeit und den Willen zum Erfolg. Es versteht sich von selbst: Wenn dieser Typ eine Sache findet, der er sich verschreibt und an die er glaubt, stehen ihm alle Türen offen. Und wenn nicht, dann wird ihm seine unbändige Kraft einen Weg zeigen, sich auch dort durchzusetzen, wo andere einen Rückzieher machen würden.

Eine Gefahr besteht hier besonders darin, sich körperlich wie geistig zu überfordern, wenn alles dem angestrebten Ziel untergeordnet wird. Der Skorpion kennt keine Grenzen, und bei aller Energie, die ihm zur Verfügung steht, sollte er dennoch darauf achten, sich immer wieder auch Zeit zur Erholung und zur Regeneration zu gönnen.

Es wundert darum nicht, dass Bill Gates, *28.10.1955, Lebenszahl (31/4), zu dieser Kombination gehört. Er zählt zu den reichsten Männern der Welt und gründete das Softwareunternehmen Microsoft. Die Zahl 8 in seinem Geburtsdatum unterstützt nochmals die Wirkkraft des zu ihr passenden Skorpions, die doppelte Zahl 5 schenkt ihm ein besonderes Selbstbewusstsein.

Skorpion und die Lebenszahl 5

Die Zahl 5 ist für ihren Hang bekannt, Freiheit als höchstes Gut anzusehen und darum allem abzuschwören, was ihr Disziplin abverlangt, in welcher Form auch immer. Der Skorpion verschreibt sich einer Sache oder einem Glauben dagegen gern mit Haut und Haar, so dass bei dieser Paarung ein großer Interessenkonflikt zwischen beiden Parteien vorherrschen kann. Jedoch ist es ja gerade die Aufgabe der Zahl 5, eine gewisse Disziplin aufzubringen, um wirklich und innerlich frei werden zu können, und dabei kann ihr der Skorpion mit seiner Tiefgründigkeit und seiner Entschlossenheit ein guter Begleiter werden.

Dieser Typ zeichnet sich besonders durch sein Selbstbewusstsein aus. Ihm stehen viele Möglichkeiten offen, wenn er die nötige Willensstärke aufbringen kann, seine ungestüme Freiheitsliebe zu zähmen.

Bei dieser Kombination trifft man auf den Schriftsteller und Philosophen Albert Camus, *7.11.1913, Lebenszahl (23/5), der mit dem Nobelpreis für Literatur ausgezeichnet wurde. Durch sein Werk zieht sich der Begriff der Freiheit wie ein roter Faden, speziell in Verbindung zur Kunst.

Zu diesem Typ gehört außerdem der Politiker Theodore Roosevelt, *27.10.1858, Lebenszahl (32/5). Er wurde zum Präsidenten der Vereinigten Staaten von Amerika gewählt und erhielt in dieser Zeit für seine diplomatischen Bemühungen den Friedensnobelpreis.

Skorpion und die Lebenszahl 6

Diese Kombination ist sicherlich eine sehr spannende, treffen hier doch zwei geistig starke Strömungen aufeinander, die sich in ihrer Wirkung noch verstärken. Die Zahl 6 ist analytisch und versteht es, genau hinzuschauen, während der Skorpion das tiefe Bedürfnis hat, den Dingen auf den Grund zu gehen. Es liegt allein an der Bewusstheit und der Reife der Persönlichkeit, ob diese Veranlagung eher lichtvoll oder eher im Schatten gelebt wird.

Negativ gelebt, kann dieser Typ perfektionssüchtig und fixiert erscheinen, mit einem Hang zur Rechthaberei. Positiv verstärken sich die Disziplin und die Willenskraft des Skorpions mit der Gründlichkeit und der Genauigkeit der Zahl 6. Im besten Fall resultiert daraus ein wissender, genau hinschauender Charakter, dem es gelingt, auf augenzwinkernde Art und sehr liebevoll die menschlichen Schwächen zu beschreiben.

Wie zum Beispiel bei einer weiteren Heldin meiner Kindheit, der Schriftstellerin Astrid Lindgren, *14.11.1907, Lebenszahl (24/6). Aus ihrer Feder stammen Pippi Langstrumpf, Kalle Blomquist wie auch Michel aus Lönneberga. Wie wenigen anderen gelang es ihr, kleine Anekdoten und Erinnerungen aus ihrer Kindheit auf sehr liebevolle Weise zu beschreiben und damit für Momente den Zauber der Kindheit auch bei uns Lesern wieder wachzurufen.

Skorpion und die Lebenszahl 7

Die Feinfühligkeit und die Verletzlichkeit der Zahl 7 geben dem Skorpion mehr Rücksichtnahme und Sinn für eine Gemeinschaft. Umgekehrt schenkt der Skorpion der Zahl 7 noch mehr Strahlkraft und Charisma, was die natürliche Feinheit und Schönheit der Zahl 7 noch betont. Am Beginn seines Lebens plagen diesen Typ vielleicht noch einige Selbstzweifel, die erst in reiferen Jahren durch den Willen und den Tiefgang des Skorpions ausgemerzt werden können. Diese Kombination braucht, vielleicht mehr als andere Charaktere, die erlebte Erfahrung, um daran erst ihre wirklichen Fähigkeiten erkennen zu können. Dieser Typ ist fähiger und vermag mehr, als er glaubt!

Hier findet man die Schauspielerin Julia Roberts, *28.10.1967, Lebenszahl (34/7). Ihre Eleganz und ihre Anmut verdankt sie gleichermaßen dem Charisma des Skorpions wie auch der Ästhetik der Zahl 7. Sie gehört zu den beliebtesten und erfolgreichsten Schauspielerinnen der Neuzeit und wurde mit zahlreichen Preisen ausgezeichnet, darunter mit dem Oscar.

Außerdem stößt man bei diesem Charakter auf Friedrich Schiller, *10.11.1759, Lebenszahl (25/7), einer der größten deutschen Dichter. Hier gesellt sich zur Fähigkeit des Skorpions, genau hinschauen und beschreiben zu können, das Harmoniestreben und die Eleganz der Zahl 7. Beide zusammengenommen führen zu tiefsinniger und aussagekräftiger Dichtkunst, zu der Schiller fähig war.

Skorpion und die Lebenszahl 8

Von allen Zahlen passen die Eigenheiten des Skorpions am besten zur Zahl 8, und darum treffen wir bei diesem Typ sozusagen auf einen »doppelten« Skorpion. All seine Eigenschaften werden potenziert, sowohl die guten wie auch die eher nicht so guten. Das bedeutet, dieser Charakter ist noch ausgeprägter in seiner Willensstärke und seiner Schöpferkraft, aber möglicherweise auch in seiner Fixiertheit und seiner Zwanghaftigkeit. Wie immer hängt die Ausprägung dieser Kombination und wie sie gelebt wird allein davon ab, wie bewusst sich dieser Typ bereits geworden ist.

Die ausgesprochen hohe Strahlkraft dieser Persönlichkeit macht ihn zum geborenen Anführer und schenkt ihm einen großen Willen und Durchsetzungsvermögen für die Sache, an die er wirklich glaubt.

Der Künstler Pablo Picasso, *25.10.1881, Lebenszahl (26/8), ist ein typischer Vertreter dieses Charakters. Seine Schaffenskraft hinterließ uns eine Unmenge von Werken und machte ihn zum berühmtesten Künstler der Gegenwart. Als besonders ausgeprägter Skorpion gelang es ihm dabei, Bilder aus der tiefen seelischen Quelle des Unbewussten zu malen, die uns ganz besonders ansprechen, sozusagen »Bilder der Seele«.

Dieser Kombination gehört auch der legendäre Fußballer Fritz Walter an, *31.10.1920, Lebenszahl (17/8), der Mannschaftskapitän der »Helden von Bern«, die 1954 Fußballweltmeister wurden. Dieser Erfolg gab der ganzen Nation nach dem Krieg wieder neuen Mut.

Und noch ein weiterer großer deutscher Fußballer findet sich hier: Uwe Seeler, *5.11.1936, Lebenszahl (26/8). Sein Charisma machte ihn zu einem der größten Idole für viele junge Fußballer, die genauso werden wollten wie er.

Skorpion und die Lebenszahl 9

Die Zahl 9 hat eine große Zielgerichtetheit und möchte den Skorpion durch ihre hohen ethischen Werte sozusagen »veredeln«, hin zu dem möglichen Ideal, das er verkörpern kann. Ein Skorpion dieser Ausprägung wird danach streben, seinen Charakter in bester Weise zu vervollkommnen. Damit trifft die Zahl 9 beim Skorpion auf sehr offene Ohren, ist er doch wie kein anderes Zeichen gewillt, innerlich zu wachsen und sich geistig weiterzuentwickeln. Somit finden sich hier Charaktere mit besonderer Entschlossenheit, Disziplin und Vorstellungskraft.

Vor allem möchte ein Skorpion dieser Kombination alte Glaubensgebäude vernichten und geistig neue Pforten öffnen, eine neue Sicht auf die Welt bekommen. Diese neue Weltanschauung hat uns der im Beispiel genannte Entdecker in besonderer Weise geschenkt.

Es handelt sich dabei um den großen Seefahrer James Cook, *7.11.1728, Lebenszahl (27/9). Durch seine Entdeckungsreisen rund um die Welt gelang es ihm, zahlreiche neue Seerouten und Inseln zu entdecken. Vor allem aber die Herstellung genauer Seekarten der von ihm bereisten Regionen dieser Welt ist ihm zu verdanken.

Sternzeichen Schütze
23.11. bis 21.12.

Positive Verhaltensweisen,
der Schütze in seiner bewussten, reifen Form:

visionär

ideenreich

will die Welt verstehen

optimistisch

schöngeistig

reiselustig

fröhlich

Negative Verhaltensweisen,
der Schütze in seiner unbewussten, unerlösten
Form:

eingebildet

sorglos

selbstgerecht

eitel

behält Wissen für sich

chaotisch

auf der eigenen Meinung beharrend

Das Zeichen Schütze liegt dem Zwilling gegenüber und hat darum einige konträre Ansichten. Während der Zwilling gern Wissen vermittelt und Netzwerke erschafft, in denen sich alle über Gott und die Welt unterhalten können, reizt den Schützen viel mehr die tiefere Erkenntnis. Partygespräche und oberflächliche Reden langweilen ihn nur. Er möchte die Welt in ihren Grundfesten begreifen und verstehen, er beschäftigt sich deshalb gern mit Religion und der Weltanschauung im weitesten Sinne. Wahrscheinlich reist er deshalb auch so gern, weil ihn an anderen Orten doch neue Sichtweisen und Philosophien über die Welt erreichen, die ihn so sehr begeistern können.

Dem Schützen ist vor allem an geistiger Vervollkommnung gelegen. Er verpflichtet sich hohen Werten und Leitlinien, an denen er sein Leben ausrichtet. Er ist geistig sehr rege und hat immer eine neue Idee, ein neues Ziel vor Augen. Ihm geht es um Höheres, er sucht nach dem Sinn des Lebens, überhaupt nach dem Sinngebenden. Immer hat er die Frage nach dem Wohin und Warum in seinem Herzen. Natürlich geht es bei seinen Fragen schließlich auch um das Unaussprechliche, um Gott, das Universum und die Schöpfung selbst. Dabei besteht die Hauptgefahr für den Schützen darin, sich in seinem Reichtum an Gedanken und Ideen schier zu verlieren. Denn manchmal wähnt er sich in seinen Überlegungen schon am Ziel und verkennt, dass das scheinbar Erreichte sich ja nur in seinem Gedankengebäude befindet. Sein Schatten kann als Gelehrter im Elfenbeinturm beschrieben werden, der sich mit seinem profunden Wissen schon weit von der Welt um ihn herum entfernt hat und jeden Bezug zu ihr zu verlieren droht. Dann glaubt der Schütze in seinem Gedankenpalast, seinen irdischen Anteil überspringen zu können, verwechselt Schein mit Sein und fällt damit sicherlich irgendwann auf seine Nase. Die Realität wartet schließlich immer vor der Haustür auf ihn und prüft die tatsächliche Umsetzbarkeit seiner Ideen.

Diese Gefahr für den Schützen, sich gedanklich so weit von der Welt zu entfernen, dass er sich bereits am hohen visionären Ziel angekommen wähnt, kann ebenfalls auf seine Selbstreflexion abfärben. Dann wird auch sein Blick auf sich selbst so sehr getrübt, dass der Schütze sich manchmal mit seinem Image verwechselt, das er meint, sich schon bei anderen aufgebaut zu haben. Denn die bloße Idee eines geistigen Ideales ist noch lange nicht gleichbedeutend damit, es auch wirklich schon erreicht zu haben und es tatsächlich zu leben. Manchmal können Schützen fälschlicherweise annehmen, schon ihre Weisheiten und Wahrheiten zu leben, ohne dies jedoch tatsächlich zu tun. Es ist dies nur eine versteckte Form falscher Eitelkeit.

In ihrem Enthusiasmus können sie sich rasch für etwas begeistern, und der Funke dieses Elans springt dann gern auf andere Menschen über. In seiner Überzeugungskraft kann der geistig geprägte Schütze kaum zu bremsen sein und wird so zum Vorbild für andere Menschen. In ihm steckt etwas von einem Propheten, der dafür lebt, seine entdeckten geistigen Wahrheiten auszusprechen und an andere weiterzugeben. Nichts ist ihm lieber, als Stellvertreter seiner hohen ethischen Werte sein zu dürfen. In ihrer reifen Form treten Schützen wirklich ein für das, was sie für wahr und richtig halten, und leben dies auch anderen vor. In ihrer leidenschaftlichen Suche nach Sinn und Weltverständnis sind sie wichtige Vorreiter für das, was an Gutem durch sie in die Welt gebracht werden soll.

Wie geht ein Schütze mit Problemen und Hindernissen in seinem Leben um? Einen Schützen zeichnen vor allem seine zahlreichen Visionen und Ideen aus. Dauernd plant er etwas Neues, entwickelt neue Ziele. Ein Problem in seinem Leben stört ihn dabei kaum, schaut er doch sofort weit dahinter und sucht am Horizont nach Höherem, einem weiteren, übergeordneten Sinn. Er ist so dem geistigen Prinzip verbunden, macht sich so oft Gedanken, dass es ihm völlig genügt, eine Lösungsidee nur in seinem Kopf zu entwickeln; die praktische Umsetzung interessiert ihn dann gar nicht mehr. Dafür entwickelt er dann nicht nur eine Idee, sondern gleich ganz viele.

Bei den Kombinationen des schöngeistigen Sternzeichens Schütze mit den einzelnen Lebenszahlen treffen wir besonders häufig auf Dichter und Denker wie Heinrich Heine oder Rainer Maria Rilke.

Schütze und die Lebenszahl 1

Mit Schütze und der Zahl 1 treffen zwei feurige Komponenten aufeinander. Die Energie der Zahl 1 wird hier noch unterstützt, und ihrer Durchsetzungskraft wird ein klares Ziel gegeben. Die Zahl 1 hingegen macht den Schützen noch ideenreicher und geistig reger. Charaktere dieses Typs gehen optimistisch und kraftvoll ihrem Ziel entgegen und vermögen es, ihre Ideen auf die Erde zu bringen.

Dabei können die Ausprägungen dieser Kombination sehr unterschiedlich sein, je nachdem, welches Ziel sich die betreffende Persönlichkeit ausgesucht hat. Denn die Sehnsucht des Schützen, die Welt verstehen zu wollen, kann sehr unterschiedlich interpretiert werden. Die Beispiele zeigen dies sehr deutlich:

Walt Disney, *5.12.1901, Lebenszahl (19/10), ist der Begründer der gleichnamigen Disney-Filmstudios und hat uns Micky Mouse und Donald Duck geschenkt. Er begründete ein Imperium damit, uns unsere kleinen menschlichen Schwächen in Form von Comic-Figuren unterhaltsam und fröhlich näherzubringen. Auch eine Form von Weltanschauung, also die Welt zu sehen.

Ganz anders die Sicht der Welt beim Dichter Rainer Maria Rilke, *4.12.1875, Lebenszahl (28/10). Für mich hat niemand so viel aus unserer deutschen Sprache herausgeholt wie er, seine sprachliche Gewandtheit und Wortgewalt sind ohnegleichen. Dabei sind seine Verse voll von tiefem Sinn und Philosophie, eines Schützen würdig.

Eine andere Betrachtung der Welt schenkte uns der Physiker Werner Heisenberg, *5.12.1901, Lebenszahl (19/10). Er befasste sich intensiv mit der Quantenphysik und blickte dabei in die Welt der kleinsten Teilchen. Für seine Forschungen erhielt er den Nobelpreis.

Schütze und die Lebenszahl 2

Der Ideenreichtum des Schützen bringt das Neue und Visionäre in die Welt der Zahl 2 und damit in das Zwischenmenschliche, Gemeinschaftliche. Die Zahl 2 erdet die manchmal etwas abgehobenen Gedankenspiele des Schützen und prüft sie auf ihre Umsetzbarkeit. Der Schütze, voller Streben danach, sich geistig gemäß seiner eigenen, von ihm festgesetzten Wertvorstellungen zu vervollkommnen, findet in der Zahl 2 seinen Gegenspieler, der seine geistigen Höhenflügen einer Machbarkeitsstudie unterzieht.

Die Sängerin Maria Callas, *2.12.1923, Lebenszahl (20/2), war eine Vertreterin dieses Typs. »Die Callas«, wie sie bewundernd genannt wurde, war die vielleicht bedeutendste Sopranistin des letzten Jahrhunderts. Für sie war Musik ein Instrument, um eine Gemeinschaft von Opernbesuchern zu geistigen Höhenflügen aufsteigen zu lassen.

Zu dieser Kombination gehört ebenfalls der Musiker Frank Zappa, *21.12.1940, Lebenszahl (20/2). Ihn darf man mit Fug und Recht als Visionär der modernen Rockmusik bezeichnen, der viele andere Künstler mit seinem Einfallsreichtum und seiner Genialität beeinflusste. Vieles erfand er musikalisch neu, vieles machte er anders. Er erhielt viele Auszeichnungen, darunter zweimal den Grammy.

Schütze und die Lebenszahl 3

Hier treffen zwei Einflüsse zusammen, die sich weniger gut verstehen. Das geistig orientierte Zeichen des Schützen findet immer wieder gute Gründe, warum die Zahl 3 sich zurückhalten und eben nicht ihrem Gefühl freien Lauf lassen sollte. Dies gilt es hier zu überwinden. Dafür werden die Originalität und das weitreichende Interesse der Zahl 3 sich rasch mit dem Ideenreichtum des

Schützen anfreunden. Unter dieser Kombination findet sich darum ein kluger Charakter, humorvoll und nicht auf den Mund gefallen, der sich für so gut wie alles interessiert und dessen Visionskraft in den unterschiedlichsten Bereichen für Neuerungen zu sorgen versteht.

Um der emotionalen Seite der Zahl 3 Raum zu geben, wäre es hier nützlich, immer wieder Wege zu finden, um seinen Gefühlen Ausdruck zu verschaffen, sei es im Tanz, in der Musik, im Gesang oder in der Kunst.

Der Mediziner und Mikrobiologe Robert Koch, *11.12.1843, Lebenszahl (21/3), gehört zu diesem Typ. Er entdeckte den Erreger des Milzbrandes und der Tuberkulose und wurde so zu einem der wesentlichen Begründer der heutigen Mikrobiologie. Für seine Arbeiten erhielt er den Nobelpreis. Auffällig ist die seinen Forschergeist unterstützende und recht häufig in seinem Geburtsdatum auftretende Zahl 1.

Rudi Carrell, *19.12.1934, Lebenszahl (30/3), ist ein anderer Vertreter dieser Kombination. Er gehörte lange Zeit zu den populärsten Showmastern Deutschlands und war aus der Samstagabendunterhaltung nicht wegzudenken. Er erhielt zahlreiche Auszeichnungen für seine Arbeit. Vor allem sein Witz und sein Ideenreichtum sind bemerkenswert.

Schütze und die Lebenszahl 4

Die Zahl 4 möchte vor allem etwas leisten, arbeitet hart und stellt ihre eigenen Interessen gern hintan. In Verbindung mit den Zeichen Schütze gelingt es diesem

Charakter darum mehr als anderen Schütze-Zahl-Kombinationen, die zahlreichen Ideen des Schützen wirklich umzusetzen und auf die Erde zu bringen. Die Zahl 4 profitiert ihrerseits vom Einfluss des Schützen, da ihre eher spröde und arbeitssame Art vom Optimismus und der Leichtigkeit des Schützen angesteckt wird.

Insgesamt ergänzt sich der Schütze mit der Zahl 4 gut, viele seiner eher negativen Eigenschaften, wie sorglos und chaotisch zu sein, werden durch ihren Leistungswillen kompensiert. Dieser Charakter hat darum immer die Möglichkeit, seine zahlreichen Ziele und Ideen auch wirklich umzusetzen.

Der Sänger Reinhard Mey, *21.12.1942, Lebenszahl (22/4), gehört zu diesem Typus. Er zählt bei uns zu den bekanntesten Liedermachern und ist auch in Frankreich sehr populär. Mit seinen manchmal lustigen, manchmal tiefsinnigen deutschen Texten begründete er ein eigenes Genre in der Musik, dem andere Interpreten folgten.

Heinrich Heine, *13.12.1797, Lebenszahl (31/4), ist ein weiterer Vertreter dieser Kombination. Er gehört zu unseren einflussreichsten und bedeutendsten Dichtern und hat uns ein großes Werk hinterlassen. Bekannt ist er unter anderem, ganz Schütze, für seine zahlreichen Reiseberichte.

Schütze und die Lebenszahl 5

Wieder treffen hier zwei lebhafte und selbstbewusste Elemente aufeinander. Die Zahl 5 bringt ihre Kontaktfreude und ihren Freiheitsdrang mit in diese Paarung, der

Schütze seinen Idealismus und seinen Drang nach Veränderung.

Vorsicht ist geboten, denn die Zahl 5 ist recht selbstbewusst und auch der Schütze neigt gern dazu, die eigene Person manchmal zu überhöhen und sich zu sehr etwas auf sich einzubilden. Der reifere Charakter wird sich dieser Tendenz aber bewusst und kann durch sein sicheres Auftreten andere leicht für sich einnehmen.

Es liegt nahe, unter diesem Typus häufiger auf Schauspieler zu treffen. So findet man hier das Universaltalent Hape Kerkeling, *9.12.1964, Lebenszahl (32/5), der als Komiker, Moderator, Sänger oder Filmemacher brilliert. Sein Schützeeinfluss schenkte ihm eine Wanderung auf dem Jakobsweg, als er einen neuen Sinn finden wollte, und das daraus entstandene Buch »Ich bin dann mal weg« wurde das meistverkaufte Sachbuch der letzten zehn Jahre und löste einen Run auf den Jakobsweg aus.

Zu finden ist hier außerdem der Schauspieler Curd Jürgens, *13.12.1915, Lebenszahl (23/5), der sich zudem als Sänger einen Namen machte. Nach dem Krieg wurde er auch international bekannt und spielte unter anderem in einem James-Bond-Film mit.

Schütze und die Lebenszahl 6

Von allen Zahlen ist es besonders die Lebenszahl 6, die den oftmals hochfliegenden Plänen des Schützen die nötige Bodenhaftung schenkt. Sie kann mit ihrem analytischen Verstand viel dazu beitragen, die geistige Lebhaftigkeit des Schützen an die vorliegenden Mög-

lichkeiten anzupassen, die sich bieten, und sie gewinnbringend umzusetzen.

Die Zahl 6 hingegen, oft eher zu kritisch und detailversessen, bekommt durch das Zeichen Schütze etwas
mehr Fröhlichkeit und Lockerheit. Die hohen Wertvorstellungen des Schützen werden durch das geschulte Auge
der Zahl 6 an das Machbare und Umsetzbare angeglichen
und sind damit leichter zu realisieren. Sowohl der Schütze
wie auch die Zahl 6 sind geistig rege, und darum ist es wenig erstaunlich, unter dieser Kombination häufiger auf
Schriftsteller zu treffen, denen die Zahl 6 hilft, zu Papier
zu bringen, was der Verstand sich ausgedacht hat.

Der Schriftsteller Heinrich Böll, *21.12.1917, Lebenszahl (24/6), gehört zu diesem Typus und zählt zu den angesehensten deutschen Literaten. Für seine Arbeit wurde
er mit dem Nobelpreis für Literatur ausgezeichnet.

Ebenso hier zu finden ist Marion Gräfin Dönhoff,
*2.12.1909, Lebenszahl (24/6), Schriftstellerin und lang-
jährige Herausgeberin der Zeitung »Die Zeit«. Sie wurde
mit zahlreichen Auszeichnung geehrt, besonders für
ihren unermüdlichen Einsatz in der Verständigung zwischen Ost und West.

Schütze und die Lebenszahl 7

Der visionäre Geist des Schützen trifft mit seinem un-
ermesslichen Ideenreichtum auf die Intuition, das Feingefühl und die Diplomatie der Zahl 7. Umgekehrt kann
die Zahl 7 dem Schützen in seinem Drang nach Vervollkommnung helfen, Wege zu finden, diese auch emotional

auszudrücken. Wie oft beim Zeichen Schütze, ist ihm dies in der Musik am besten möglich.

Darum entdeckt man unter dieser Kombination den Komponisten Ludwig van Beethoven, *16.12.1770, Lebenszahl (25/7), eines der größten Musikgenies aller Zeiten. In fortgeschrittenem Alter hörte er immer weniger und komponierte daher, indem er die Musik eher innerlich intuitiv hörte und nur noch aufschrieb.

Die mehr diplomatische Seite dieses Charakters verkörperte Winston Churchill, *30.11.1874, Lebenszahl (25/7). Dem angesehenen Politiker gelang es während des Zweiten Weltkrieges erfolgreich, im englischen Volk die Vision zu entfachen, gemeinsam durch diese harten und entbehrungsreichen Jahre kommen zu können.

Schütze und die Lebenszahl 8

Die Zahl 8 bringt in diese Kombination ihre Glaubenskraft ein und vermag damit die Vision des Schützen zu verstärken, ja mit großer emotionaler Kraft aufzuladen. Aus einer bloßen Idee wird darum ein kraftvoller Gedanke, den es unbändig drängt, umgesetzt zu werden. Bei dieser Kombination finden sich daher kreative Macher, denen die Vorstellungskraft Flügel verleihen kann und die über großes Charisma verfügen.

Der Erfinder Carl Benz, *25.11.1844, Lebenszahl (26/8), ist ein visionäres Beispiel für diese Kombination. Er konstruierte den ersten Motorwagen und begründete damit den großen Automobilkonzern Daimler Benz. Seine Strebsamkeit wird noch durch die doppelte Zahl 4 in seinem Geburtsdatum unterstützt, die Zahl 5 schenkt ihm das notwendige Selbstvertrauen.

Zu finden ist hier außerdem der Politiker Willy Brandt, *18.11.1913, Lebenszahl (26/8), der später zum Bundeskanzler ernannt wurde. Er erhielt zahlreiche Ehrungen, unter anderem den Friedensnobelpreis für seine friedensstiftende Ostpolitik. Die besonders häufig in seinem Geburtsdatum vorkommende Zahl 1 spricht für seine Durchsetzungskraft und sein Führungsvermögen.

Schließlich gehört auch der Schauspieler und Filmemacher Til Schweiger, *13.12.1963, Lebenszahl (26/8), zu dieser Kombination. Er zählt zu den erfolgreichsten Produzenten und ist aus dem deutschen Kino nicht mehr wegzudenken.

Schütze und die Lebenszahl 9

Die Zahl 9 entspricht den Eigenschaften des Zeichens Schütze am allermeisten, hier ist der Schütze sozusagen zu Hause. Damit ergibt sich, hier einen Schützen in Vollendung anzutreffen. Jede Fähigkeit wie auch Unfähigkeit des Schützen wird darum bei dieser Kombination verstärkt, also im Guten wie im Schlechten. Dies betrifft jede seiner Eigenschaften, sowohl den Ideenreichtum wie auch die Suche nach geistiger Vervollkommnung, die Eitelkeit ebenso wie die Sorglosigkeit.

Immer trifft man bei diesem Typus auf Charaktere, die geistig sehr aktiv sind. Die Zahl 9 drängt sie außerdem dazu, innerlich zu wachsen und ein Vorbild für andere zu werden.

Der Musiker Jimi Hendrix, *27.11.1942, Lebenszahl (27/9), gehört zu dieser Kombination. Wegen seiner besonderen und innovativen Weise, Gitarre zu spielen, wurde er zum Vorbild für viele Gitarristen, die ihm nachfolgten. Er wurde mit einem Grammy für sein Lebenswerk ausgezeichnet.

Zu diesem Typ zählt ebenso die Eiskunstläuferin Katharina Witt, *3.12.1965, Lebenszahl (27/9). Sie war mehrmals Olympiasiegerin und Weltmeisterin und machte sich später auch als Schauspielerin und Moderatorin einen Namen. Sie wurde damit zum Vorbild für viele, besonders im Osten Deutschlands.

Sternzeichen Steinbock
22.12. bis 20.1.

Positive Verhaltensweisen,
der Steinbock in seiner bewussten, reifen Form:

leistungsorientiert

ehrgeizig

fleißig

kontrolliert

geduldig

produktiv

verantwortungsvoll

Negative Verhaltensweisen,
der Steinbock in seiner unbewussten, unerlösten
Form:

streng zu sich und anderen

alles alleine machen wollen

kleinlich

kontrollierend

pessimistisch

stur

alles kompliziert machen

Steinböcken geht es um »den Dienst am Werk«, um eine Aufgabe, hinter der ihre Person weitestgehend zurücktreten kann. Kein Sternzeichen ist so leistungsorientiert und strebsam wie dieses. Denn nur, wenn er große Aufgaben bewältigt, fühlt sich der Steinbock gut und findet darin seine Befriedigung. Sein Selbstwertgefühl zieht er gerade aus diesem Zurückstellen seiner selbst hinter sein Werk. Eher im Hintergrund bleibend, genügt dem Steinbock meist das Bewusstsein um die Bedeutung seiner Arbeit oder seines Amtes. Das zähe Durchhaltevermögen des Steinbocks lässt ihn auch dort Dinge und Vorhaben wagen, wo andere schon frühzeitig das Handtuch werfen oder gar nicht erst damit beginnen würden, sich an solchen großen Aufgaben überhaupt zu versuchen.

Das Zeichen Steinbock hat etwas Asketisches an sich, denn es vermag seine großen Aufgaben manchmal nur zu erfüllen, indem es seine eigenen Bedürfnisse unterdrückt. Da er voll und ganz in seiner Aufgabe aufgeht und hier seine Bestimmung findet, kann der Steinbock anderen als Beispiel dieser Lebensweise dienen.

Sein Ehrgeiz kann aber so groß werden, dass er nur noch die Aufgabe sieht und sich in seiner Erfüllungspflicht weit überfordert. Dann geht ihm jede Freude verloren. Die Schattenseite des Steinbocks liegt darin, sich zu sehr über seinen Dienst und seine Pflichterfüllung zu definieren und alles nur noch in engstirnigem Strebertum zu vollbringen. Geht ihm die Freude verloren, neigt er dazu, alles nur noch schlecht zu reden und selbst kleine Arbeiten zu verkomplizieren, wo mit weniger Aufwand mehr Gewinn hätte erzielt werden können. Statt zu erkennen, wo er sich das Leben unnötig schwermacht, nimmt er stattdessen gerade die Schwierigkeit jeder noch so kleinen Aufgabe auch noch als Beweis der eigenen Tüchtigkeit. Auf diesem Auge ist er eher blind, hängt doch sein Selbstwert weitgehend davon ab, wie viel er zu leisten vermag. Sicherlich hat er da auf der einen Seite recht: Kein Sternzeichen ochst und arbeitet so viel wie er. Aber andererseits könnte er sich das Leben sehr viel einfacher machen, wäre Erfolg weniger wichtig für ihn. Denn immer und überall will er etwas erreichen. Und nur, was er selbst und alleine getan hat, ist gut genug für ihn, und nur das kann er sich selbst als eigene Leistung anrechnen. Nur sehr ungern lässt er sich deshalb bei seinen Arbeiten helfen.

Ihre Leistungsbereitschaft erkennt man auch daran, wie oft Steinböcke Verantwortung auf sich nehmen, da sie denken, es einfach tun zu müssen. Häufig müssten sie dies aber gar nicht, und sie nehmen all dies nur auf sich, um insgeheim Macht anzusammeln. Alles zusammengenommen ist der Steinbock insgeheim voller Stolz auf seine Leistungen, bezahlt sie jedoch teuer, da er oft selbst etwas freudlos unter seiner eigenen Tüchtigkeit leidet. Überwindet der Steinbock seinen Schatten und nimmt sich seiner Aufgaben bereitwillig an und weniger, weil er denkt, immer etwas tun zu müssen, kann er große Ziele im Leben erreichen und Aufgaben bewältigen, die wichtig für das Allgemeinwohl vieler Menschen sind.

Wie geht der Steinbock mit Problemen und Hindernissen in seinem Leben um? Niemand ist so leistungsbereit wie der Steinbock. Je größer das Problem ist, umso mehr wird er sich anstrengen, es zu bereinigen. Und vor allem wird er es alleine tun, denn andere arbeiten für seinen Geschmack einfach nicht so gut wie er selbst. Wer eine Aufgabe hat, die schnell und gründlich erledigt werden soll, der suche sich am besten einen Steinbock dafür. Er wird nicht rasten und nicht ruhen, bis alles zu seiner eigenen Zufriedenheit abgearbeitet ist.

Da der Steinbock vor allem verantwortungsbewusst und strebsam ist, treffen wir bei seinen Kombinationen mit den einzelnen Lebenszahlen besonders häufig auf Politiker, wie Johannes Rau oder Konrad Adenauer, oder auf Persönlichkeiten, die uns ein großes Werk hinterlassen haben, wie Isaac Newton oder Johannes Kepler.

Steinbock und die Lebenszahl 1

Fleißig, diszipliniert, leistungsorientiert, der Steinbock verfügt über jede der sogenannten »deutschen Tugenden«.

Hier trifft er auf die Zahl 1, die ihn zudem noch mit viel Energie und Durchsetzungsfähigkeit ausstattet. Solche Charaktere sind sehr produktiv, und ihr Verantwortungsbewusstsein verhilft ihnen häufig zu Führungspositionen.

Besonders prägt diesen Typ, die eigenen Ideen auch gleich umsetzen zu können. Selbst, wenn er in leitender Position tätig ist, wird er immer wieder gern selbst Hand anlegen, denn es ist ihm wichtig, die Dinge möglichst selbst zu erledigen.

Es versteht sich von selbst, unter dieser Kombination häufiger Staatsmänner zu entdecken, der große deutsche Politiker Konrad Adenauer, *5.1.1876, Lebenszahl (28/10), ist einer davon. Er war der erste deutsche Bundeskanzler und nebenbei auch ein ideenreicher Erfinder.

Martin Luther King, *15.1.1929, Lebenszahl (28/10), gehört ebenfalls zu diesem Charaktertyp. Der Politiker setzte sich für die Bürgerrechte der schwarzen Bevölkerung in den Vereinigten Staaten von Amerika ein und erhielt dafür den Friedensnobelpreis.

Außerdem finden wir hier das Universalgenie Sir Isaac Newton, *4.1.1643, Lebenszahl (19/10), dem wir (bis zur Quantenphysik Einsteins) ein lange anerkanntes Weltbild verdanken, das nach ihm benannt wurde (Newtonsches Weltbild).

Schließlich finden wir hier den mehrfachen Formel-1-Weltmeister Michael Schumacher, *31.1.1969, Lebenszahl (29/11), der beweist, wie sehr diese Kombination darauf drängt, an die Spitze zu gelangen, wo auch immer.

Steinbock und die Lebenszahl 2

Die Zahl 2 richtet die Einsatzfreude des Steinbocks in Richtung der Gemeinschaft und will sich für andere einsetzen. Da sich der Steinbock schon gern und bereitwillig selbst zurücknimmt, um sich seiner Sache voll und ganz zu verschreiben, gibt es hier eine gewisse Gefahr, sich selbst in der Aufgabe wie der Gemeinschaft zu verlieren. Immer will dieser Typ es allen recht machen, sei es der Aufgabe oder dem anderen, und dabei verliert er rasch die eigenen Bedürfnisse aus dem Auge. Der harte Arbeiter wird jedoch stets über eine außergewöhnliche Leistungsfähigkeit verfügen.

Ein Beispiel für diesen Charakter ist der Sportfunktionär Pierre de Coubertin, *1.1.1863, Lebenszahl (20/2), dem wir die Wiederbelebung der Olympischen Spiele in der Neuzeit verdanken. Zu dieser Meisterleistung war er dank des Gemeinschaftssinns der Zahl 2 wie auch dank des Strebens des Steinbocks fähig. Die häufig in seinem Geburtsdatum vorzufindende Zahl 1 unterstützt seinen Durchsetzungswillen.

Steinbock und die Lebenszahl 3

Die eher gefühlsbetonte Facette der Zahl 3 stimmt den nimmermüden Steinbock etwas milder, und der Steinbock seinerseits gibt dem vielfältigen Gefühlsleben der Zahl 3 etwas Struktur, das sie dringend braucht. So ganz grün sind sich die beiden jedoch nicht, wird der Zahl 3 das ständige Leistungsstreben des Steinbocks doch manchmal zu viel. Mit der Disziplin des Steinbocks kann die Zahl 3 aber lernen, auf vielfältige Weise ihre Gefühle auszudrücken, was sie schneller als bei anderen Sternzeichen reifen lässt und hilft, ihre Bestimmung zu finden.

Ein typisches Beispiel für diese Kombination ist der Musiker David Bowie, *8.1.1947, Lebenszahl (30/3). Der einflussreiche Musiker arbeitete auch als Schauspieler und Produzent und hinterließ ein großes Werk, einem Steinbock würdig. Die Zahl 8 in seinem Datum schenkt ihm außerdem eine gehörige Portion Ausstrahlung und Charisma.

Steinbock und die Lebenszahl 4

Von allen Zahlen entspricht die Zahl 4 den Eigenschaften des Steinbocks am meisten, weshalb er in dieser Kombination am stärksten betont wird und hervortritt. Dies gilt allerdings für jede seiner Eigenschaften, für die guten wie für die schlechten. Charaktere dieser Kombination werden deshalb fleißiger und ehrgeiziger sein, anders herum aber auch strenger und sturer als andere Steinböcke.

Noch mehr Augenmerk sollte darum hier darauf gelegt werden, bei allem Leistungsstreben immer wieder eine Pause einzulegen und sich nicht zu überfordern. Auch die Kräfte eines Steinbocks sind nicht unendlich und gehen einmal zu Ende. Immer wird diese Kombination aus der Masse herausstechen, einerseits durch ihre auffallenden Taten, andererseits durch ihr Verantwortungsbewusstsein für andere.

Ein gutes Beispiel für diesen Typ ist der Politiker Johannes Rau, *16.1.1931, Lebenszahl (22/4). Er war zwischenzeitlich Kanzlerkandidat und wurde schließlich zum Bundespräsidenten ernannt. Die häufig in seinem Geburtsdatum vorkommende Zahl 1 unterstreicht seinen Führungsanspruch.

Steinbock und die Lebenszahl 5

Die überbordende Freiheitsliebe der Zahl 5 wird von der Disziplin des Steinbocks besänftigt. Andererseits ist der manchmal zu strenge Steinbock manchmal froh, den Freiheitssinn dieser Zahl genießen zu dürfen. Beide müssen lernen, beide Richtungen unter einen Hut zu bringen, dann ergänzen sie sich vorteilhaft.

Denn beide haben auch eine Menge gemeinsam, etwa das Streben nach Erfolg. Beiden fällt es leicht, Verantwortung zu übernehmen, warten sie doch insgeheim nur auf das darauf folgende Lob und die Anerkennung. Der Schatten des Steinbocks, nicht rasten und nicht ruhen zu können, bis alles erledigt ist, wird von der geselligen und lebensfrohen Zahl 5 ein Stück weit kompensiert. Eine Gefahr ist bei dieser Kombination möglicherweise ein übergroßer Stolz, solange der Selbstwert hier rein aus der Anerkennung durch andere erzielt werden soll. Die reifere und bewusstere Form dieses Typs findet aber später den eigenen Wert im selbstlosen Dienen für eine größere Sache.

Der Politiker Benjamin Franklin, *17.1.1706, Lebenszahl (23/5), gehört dieser Kombination an und ist einer der Unterzeichner der Unabhängigkeitserklärung der Vereinigten Staaten von Amerika. Aus kleinen Verhältnissen stammend, gilt er als Musterbeispiel für den amerikanischen Traum, mit Leistungsbereitschaft und Disziplin nach oben zu kommen.

Zu diesem Typ gehört auch die Schauspielerin und Sängerin Marlene Dietrich, *27.12.1901, Lebenszahl (23/5). Sie erhielt zahlreiche Auszeichnungen und prägte einen eigenen Stil, der die Unabhängigkeit der Frau Jahrzehnte vor der Frauenbewegung vorwegnahm und, damit ganz Steinbock, zeigen wollte: »Ich schaffe es auch allein!«

Steinbock und die Lebenszahl 6

Die Exaktheit und das Streben nach Perfektion der Zahl 6 schenkt der Leistungskraft des Steinbocks eine neue, mehr detailversessene Komponente. Wie immer sollte hier die Gefahr im Auge behalten werden, die Zahl 6 in diesem Charakter nicht zu perfektionistisch und genau werden zu lassen. Außerdem stellt sich die Zahl 6 in ihrem Hang zu analysieren gern hintan, was ihre Bestätigung im Steinbock findet, der vor allem die Erreichung des angestrebten Ziels anvisiert – um jeden Preis. Beide sollten darum lernen, auch an die eigenen Bedürfnisse zu denken, damit der Spaß an der Sache manchmal nicht völlig verloren geht.

Ein Beispiel für diese Kombination ist treffenderweise der Lehrer Konrad Duden, *3.1.1829, Lebenszahl (24/6), dessen penible Art uns sein nach ihm benanntes Wörterbuch geschenkt hat. Nach ihm genügte für die richtige Rechtschreibung ein Blick in sein Buch.

Steinbock und die Lebenszahl 7

Die Zahl 7 bringt ihr Streben nach Harmonie, ihre Intuition und ihren Sinn für Schönheit in die Kombination mit dem produktiven Steinbock ein. Dieser Charakter versteht es, in einer Gemeinschaft Verantwortung zu übernehmen. Am liebsten sind ihm darum Aufgaben, die er – ganz im Sinne des Steinbocks – voller Ehrgeiz vollbringt und die ebenfalls für die Gemeinschaft wirksam sind. Nur für ihn allein scheint der Erfolg bei diesem Typ nicht so recht erstrebenswert zu sein.

Wir finden unter diesem Typus den Physiker Stephen Hawking, *8.1.1942, Lebenszahl (25/7), der mit seinen Theorien über den Urknall und zur Relativitätstheorie bekannt wurde. Außerdem war er Autor zahlreicher populärwissenschaftlicher Bücher, etwa »Eine kurze Geschichte der Zeit«, die ihn zu einer Art Popstar unter den Wissenschaftlern machten. Man könnte sagen, er versuchte durch seine Arbeiten, die verborgene Harmonie und die Schönheit hinter unserer Schöpfung zu entdecken.

Ein weiterer Kandidat dieser Kombination ist Adam Riese, *17.1.1492, Lebenszahl (25/7), dessen großer Rechenkunst wir uns heute noch mit den Worten »das macht nach Adam Riese« erinnern, um die Richtigkeit von Berechnungen zu belegen. Er gab ein Lehrbuch heraus, das zur Grundlage des modernen Rechnens wurde.

Auch im Rechnen ist eine versteckte Harmonie und Schönheit verborgen, wie beispielsweise auch in der Musik.

Steinbock und die Lebenszahl 8

Die Zahl 8 beschert dem Steinbock Willensstärke, Glaubenskraft und Charisma. Dieser Typ vermag es ganz besonders stark, seine Leistungskraft auf eine spezielle Aufgabe zu fokussieren, die er dann zu Ende bringt. Koste es, was es wolle. Darum ist diese Kombination zu großen Leistungen fähig, sollte sich aber hüten vor allen Formen von Fanatismus und Zwanghaftigkeit.

Dieser Typ ist mit einer großen Ausstrahlung gesegnet und in der Lage, große Dinge durchzusetzen, wenn er wirklich an eine Sache glaubt. Wie immer beim Steinbock ist aber darauf zu achten, sich körperlich wie geistig beim Erfüllen der Aufgabe nicht zu übernehmen und Ruhepausen einzulegen.

Ein Beispiel für diesen Charakter ist der bedeutende Astronom und Naturforscher Johannes Kepler, *27.12.1571, Lebenszahl (26/8), der das mittelalterliche Weltbild aus den Angeln hob, indem er entdeckte, wie sich die Planeten um die Sonne bewegen. Seine Beobachtungen legte er in den nach ihm benannten Keplerschen Gesetzen nieder, in denen die Sonne als Mittelpunkt der Planetenbewegungen wirkt. Er gilt als einer der ersten Naturwissenschaftler.

Steinbock und die Lebenszahl 9

Die Zahl 9 hinterfragt die stetige Leistungsbereitschaft des Steinbocks und möchte ihm ethische und moralische Ideale für seinen Einsatzwillen schenken. Der Steinbock wird in dieser Kombination danach streben, das Beste aus seinen Anlagen zu machen, und in selbstloser Form einer Sache dienen wollen, die für die Gemeinschaft wichtig ist. Der Steinbock seinerseits nimmt die Ideen und Wertvorstellungen der Zahl 9 begierig auf und setzt sie dann tatsächlich um, anstatt sie nur rein geistig zu verfolgen.

Wie bei jedem Sternzeichen möchte die Zahl 9 diesen Typ zum Vorbild machen, das voller Weisheit seine errungenen Wertmaßstäbe an andere weitervermittelt.

Bestes Beispiel für diese Kombination ist der Politiker Helmut Schmidt, *23.12.1918, Lebenszahl (27/9), unser ehemaliger Bundeskanzler. Wie kaum ein anderer Politiker zeigte er Einsatzwillen und Verantwortungsbewusstsein für seine ihm verliehene politische Position und wirkte noch im hohen Alter beispielgebend und beratend auf das politische Geschehen ein. Er wurde damit zum Paradebeispiel für das Wirken eines »Elder Statesmen«, also für einen Politiker, der auch im Ruhestand noch hohes Ansehen genießt.

Ebenso hoch angesehen ist ein weiterer Vertreter dieses Typus, der Mediziner Albert Schweitzer, *14.1.1875, Lebenszahl (27/9). Er gilt für viele als Vorbild, da er sein Leben völlig nach ethischen Prinzipien ausrichtete und als Arzt nach Afrika ging, um dort ein Urwaldkrankenhaus zu gründen. Für seinen unermüdlichen Einsatz um den Frieden wurde er später mit dem Friedensnobelpreis ausgezeichnet.

Sternzeichen Wassermann
21.1. bis 19.2.

Positive Verhaltensweisen,
   der Wassermann in seiner bewussten, reifen Form:

    freiheitsliebend

    tolerant

    unabhängig

    einfallsreich

    wissensdurstig

    gutmütig

    phantasievoll

Negative Verhaltensweisen,
   der Wassermann in seiner unbewussten, unerlösten Form:

    eigensinnig

    unnahbar

    gefühlskalt

    rebellisch

flatterhaft

dogmatisch

weltfremd

Der Wassermann gehört zu den Luftzeichen und damit zum Reich des Geistes und des Verstandes. Er möchte vor allem frei sein und bemüht sich um die Ablösung von allen einschränkenden Bindungen, Pflichten und Lasten. Das bedeutet auch Reformation und damit die Loslösung von dem Traditionellen oder dem Herkömmlichen. Es ist das Bild des Entdeckers und Erfinders, des Quantensprunges, der neuen Dimension. Der Wassermann wehrt sich gegen alles, das ihm von außen auferlegt wird. Er möchte sich davon befreien und zu größtmöglicher Unabhängigkeit finden, zugunsten von Selbstverwirklichung und Selbstentdeckung. C. G. Jung hat diesen Prozess als »Individuation« bezeichnet. Ein einmaliges Individuum zu sein, seine Besonderheit zu finden und zu leben, sich selbst zu optimaler Entfaltung zu bringen – zu werden, was du wirklich bist –, das ist die Qualität dieses Zeichens. Und kein äußerer Zwang kann dem entgegenwirken, die Anerkennung des Individuums in der Gesellschaft und die Förderung der Menschenrechte sind oberstes Anliegen. Die Leitbilder des Wassermannes sind »Freiheit, Gleichheit, Brüderlichkeit«, das Motto der Französischen Revolution. Eine größtmögliche Entfaltung des Einzelnen muss jedoch nicht der Ordnung entgegenlaufen, vielleicht ergibt sich erst mit dem Fall einer alten Idee eine andere, höhere Ordnung – einem Wassermann würde dieses Bild sehr gefallen.

Die Schattenseiten des Wassermannes liegen in der Überbetonung seiner Eigenart, indem er immer anders und besonders sein möchte. Er kann dann eigenbrötlerisch und versnobt werden und zeigt seine Exklusivität in seinem Verhalten, seiner Kleidung oder seinem Lebensstil. Fehlender Kontakt zu anderen Menschen kann den Wassermann zudem abgehoben erscheinen lassen und lässt ihn jede Verbundenheit zur ihn umgebenden Welt verlieren.

Immer aber sind Wassermänner interessiert, lebhaft und wissensdurstig. Es gibt kaum ein Thema, über das sie nicht ausführlich Bescheid wüssten und mitreden könnten. In allem, was sie tun, legen sie Wert auf ihre ganz persönliche Note und ihre Originalität. Auch von anderen erwarten sie in gleicher Weise immer neue Anregungen, Hinweise und Überraschungen, sonst langweiligen sie sich schnell. Der Wassermann ist durch das Erwerben von weitreichendem Wissen in der Lage, eine hohe geistige Unabhängigkeit und Souveränität zu erreichen, die ihn zu einem angesehenen Erneuerer und Erfinder werden lassen.

Wie geht der Wassermann mit Problemen und Hindernissen in seinem Leben um? Wassermänner sind das personifizierte Wissen. Sie können zu jedem und allem etwas beitragen und können überall mitreden. Zu allem haben sie etwas gelesen und wissen genauestens Bescheid. Begenet ihnen ein Problem, dann gehen sie kurz in sich – und mithilfe ihrer immensen Phantasie erreicht sie schon bald ein Geistesblitz, wie eine schnelle und vor allem neue Lösung für diese Herausforderung aussehen könnte. Wahrscheinlich ist es eine neuartige Maschine, die bisher noch völlig unbekannt war. Kaum hat der Wassermann die Lösung entdeckt, fesselt seinen hellen Geist bereits das nächste Problem. Wahrscheinlich ist er sogar zu zerstreut dazu, seine geniale Lösung überhaupt aufzuschreiben.

Nun schauen wir uns die einzelnen Kombinationen des Wassermanns mit den einzelnen Lebenszahlen an. Da Wassermänner sehr wissensdurstig und einfallsreich sind, treffen wir hier besonders häufig auf Forscher und Erfinder. Darwin, Edison, Galileo und Kopernikus zählen dazu.

Wassermann und die Lebenszahl 1

Die Zahl 1 unterstützt den Wassermann in ganz besonderer Weise. Damit wird dieser Charakter im Positiven noch wissensdurstiger, toleranter und freiheitsliebender, aber im Negativen leider auch noch eigensinniger, noch unnahbarer und rebellischer. Es liegt wie immer nur an der jeweiligen Persönlichkeit selbst, wie reif sie ist und wie bewusst sie sich ihrer Prägungen bereits geworden ist – das entscheidet darüber, wie diese Anlage gelebt wird. In einer erfolgversprechenden Ausrichtung aber finden wir hier einen interessierten und vielschichtigen Charakter, der die Welt mit seinen Ideen in Kunst und Wissenschaft zu bereichern versteht.

Ein Beispiel für diesen Typ ist der Schriftsteller Jules Verne, *8.2.1828, Lebenszahl (29/11), der durch seine phantastischen Erzählungen das Genre Science-Fiction erst möglich gemacht hat. Seine Ideen sind so aussagekräftig, dass selbst heute noch Filme aus diesem Stoff gedreht werden, etwa über »Eine Reise um die Welt in 80 Tagen«. Die häufig in seinem Geburtsdatum vorkommende Zahl 8 verleiht ihm eine besondere Ausstrahlung und Überzeugungskraft.

Unter dieser Kombination finden wir außerdem Wolfgang Amadeus Mozart, *27.1.1756, Lebenszahl (28/11), eines der größten und kreativsten Musikgenies aller Zeiten. Von ihm stammen eine Vielzahl von Opern und Kompositionen, die auch heute noch weltweit zum Standardrepertoire der klassischen Musik zählen.

Ebenfalls zu diesem Typ zählt der Musiker und Produzent Dieter Bohlen, *7.2.1954, Lebenszahl (28/10), der mit seiner Band *Modern Talking* zu Weltruhm kam und heute als Juror z. B. in der Castingshow »Deutschland sucht den Superstar« auch zum Fernsehstar wurde. Er setzt seinen Ideenreichtum vor allem musikalisch um.

Wassermann und die Lebenszahl 2

Die Zahl 2 bringt den freiheitsliebenden Wassermann in ein gewisses Dilemma, richtet sie das Augenmerk dieses Typus doch mehr auf die Gemeinschaft und den anderen Menschen, als es dem gern etwas eigenbrötlerischen Wassermann gefällt. Bei diesem Charakter wird sich in seinem Leben vieles darum drehen, ein Gleichgewicht zu finden zwischen Eigenständigkeit und dem Wunsch, alleine sein zu wollen, sowie dem Bedürfnis, mit anderen zusammen zu sein. Dies gilt natürlich ganz besonders beim Thema Partnerschaft, wo dieser Typ immer wieder zwischen Nähe und Distanz hin- und herschwenkt. Ein ähnliches Thema haben übrigens auch alle Menschen mit der Lebenszahl 11 – und das in jeder Form, also als reine 11, (29/11), (38/11) oder (47/11). Aber es ist ja gerade die Aufgabe der gern von anderen abhängigen Zahl 2, auch die Zahl 1 und die Eigenständigkeit zu entwickeln, möchte sie sich schließlich zur Reife bringen.

Zu dieser Kombination gehört einer der Weltstars der Musikszene, der Musiker und Sänger Phil Collins, *30.1.1951, Lebenszahl (20/2). Begonnen hat er als Schlagzeuger der Band *Genesis*, deren Leadsänger er später wurde. Seine Solokarriere machte ihn später zu einem der kommerziell erfolgreichsten Musiker überhaupt. Seine von ihm selbst geschriebenen, sehr berührenden Texte drehen sich, seiner Zahl 2 entsprechend, oft um das Thema Partnerschaft, Liebe und Trennung.

Wassermann und die Lebenszahl 3

Die Zahl 3 drängt innerlich danach, ihre Gefühle zu zeigen, und trifft dabei beim eher rationalen und verstandesorientierten Wassermann zumeist auf taube Ohren. Es wird darum eine Weile dauern, bis sich bei dieser Kombination die beiden Einflüsse tatsächlich gut verstehen lernen. Und dies ist dann wirklich fruchtbar, denn gerade bei Menschen mit gut entwickeltem Verstand ist das Gefühlsleben besonders reichhaltig, schlummert es auch meist unter der nach außen gezeigten kühlen und rationalen Maske. Öffnet sich dieser Typ jedoch und wagt es trotzdem, seine Gefühl zu zeigen, dann vermag er ganz besonders zu berühren.

Ein gutes Beispiel auch für die mögliche innere Reifung dieses Typs ist der Schauspieler und Sänger John Travolta, *18.2.1954, Lebenszahl (30/3). Bekannt geworden ist er in jungen Jahren mit dem Musical »Saturday Night Fever«, in dem er einen coolen Jugendlichen spielt, der sich vor allem im Tanz ausdrücken konnte. In seinen späteren Rollen wurde er jedoch immer mehr zum Charakterdarsteller, da er seine Gefühle immer stärker in sein Schauspiel einzubringen verstand. Er wurde mehrmals für den Oscar nominiert.

Außerdem findet sich hier der Musiker, Sänger und Produzent Peter Gabriel, *13.2.1950, Lebenszahl (21/3), der als Sänger der Band *Genesis* Bekanntheit erlangte. Nach der Trennung von *Genesis* begann er eine erfolgreiche Solokarriere. Gabriel setzt sich sehr für Menschenrechte ein, unter anderem bei Amnesty International. Er erhielt zahlreiche Auszeichnungen und wurde für den Grammy nominiert.

Wassermann und die Lebenszahl 4

Bei dieser Kombination trifft die überbordende Phantasie des Wassermannes auf die Arbeitsfreude der Zahl 4, die die Vielzahl an Ideen des Wassermanns auf die Erde bringt und ihn weniger weltfremd und eigenbrötlerisch macht. Eine Gefahr liegt hier darin verborgen, dass dieser Typ so interessiert und wissensdurstig ist, dass die strebsame Zahl 4 gar nicht mehr hinterherkommt, alle Ideen dann auch wirklich umzusetzen. Sie versucht es aber, ihrer Art entsprechend, immer weiter, so dass es hier leicht zu Überarbeitung kommen kann. Dieser Typ braucht immer wieder kreative Pausen zur Erholung.

Unter dieser Kombination stößt man auf den Politiker Ludwig Erhard, *4.2.1897, Lebenszahl (31/4), den späteren Bundeskanzler. Seine frühere Zeit als Wirtschaftsminister ist aber vor allem untrennbar mit dem deutschen Wirtschaftswunder der 50er Jahre verbunden. Sein Name steht damit sinnbildlich für die Leistungsbereitschaft und Einsatzfreude der Deutschen nach dem Krieg, was gut zur Lebenszahl 4 passt.

Wassermann und die Lebenszahl 5

Von allen Zahlen entspricht besonders die 5 den wesentlichen Merkmalen des Wassermannes. Hier wird der Wassermann besonders betont, und das im Guten wie im Schlechten. Diese Kombination kann ganz besonders tolerant und objektiv sein, auf der anderen Seite jedoch ebenfalls sehr dogmatisch oder weltfremd. Wieder ist dieser Typ darum ganz besonders gefordert, sich seiner Schwächen wie seiner Fähigkeiten bewusst zu werden, um die lichtvollen Eigenschaften mit Leben füllen zu können. Im reiferen Charakter finden wir daher ganz besondere Vertreter für Freiheitsliebe und wissenschaftliche Neuerungen.

Beispielsweise den Naturforscher und Entdecker Charles Darwin, *12.2.1809, Lebenszahl (23/5). Ihm verdanken wir die von ihm auf seiner Forschungsreise um die Welt entdeckte Evolutionstheorie, die heute in unseren Schulen gelehrt wird. Er erklärt darin die Entstehung der verschiedenen Arten, beispielsweise bei den nach ihm benannten Darwin-Finken.

Zu dieser Kombination gehört außerdem der große Politiker Abraham Lincoln, *12.2.1809, Lebenszahl (23/5), der später Präsident der Vereinigten Staaten von Amerika wurde. Lincoln setzte sich für die Abschaffung der Sklaverei in Amerika ein und war bereit, sich zu diesem Zweck sogar auf den Krieg zwischen Nord- und Südstaaten einzulassen, den er schließlich gewann.

Wassermann und die Lebenszahl 6

Der Wissensdurst und der Erfindungsreichtum des Wassermannes gesellen sich bei dieser Kombination zum genauen, analytischen Denken der Zahl 6. Es ist nur natürlich, wenn unter dieser Kombination besonders kluge Denker und Forscher zu finden sind. Eine Gefahr liegt hier darin verborgen, dass sowohl der Wassermann wie auch die Zahl 6 der geistigen, rationalen Ebene zuzuordnen sind, und darum kann es geschehen, dass sich die geistigen Überlegungen manchmal im Detail verlieren. Oder aber sie können so hochtrabend sein, dass eine reale Umsetzung unmöglich wird. Bei einem reiferen Charakter dieses Typs wird die Zahl 6 jedoch immer Möglichkeiten finden, wie die Ideen in die Tat umgesetzt werden können.

Zu diesem Typus zählt das Universalgenie Galileo Galilei, *15.2.1564, Lebenszahl (24/6). Seine neuartige Methode, die Geheimnisse der Natur durch Experimente zu erforschen, diente später als Grundlage der modernen Forschung. Bekannt wurde er durch seinen Disput mit der Kirche, da er entdeckte, dass sich die Erde um die Sonne dreht und daher nicht der Mittelpunkt des Universums sein kann.

Ein weiterer großer Erfinder gehört zu dieser Kombination, Thomas Alva Edison, *11.2.1847, Lebenszahl (24/6). Durch die Vielzahl seiner mehr als 1000 Patente kann man ihn als größten Erfinder aller Zeiten bezeichnen. Vor allem beschäftigte er sich mit der Elektrizität und erfand zum Beispiel die erste funktionierende Glühbirne. Durch ihn bekam die Großstadt New York zum ersten Mal eine elektrische Stromversorgung.

Wassermann und die Lebenszahl 7

Die Zahl 7 lenkt den Ideenreichtum und die Aufmerksamkeit des Wassermanns in den Bereich der Gemeinschaft und der zwischenmenschlichen Beziehungen. Die Zahl 7 ist eher dem Gefühl verbunden und ergänzt den kühlen und scharfen Denker Wassermann um die wichtige Komponente der Intuition. Bei diesem Charakter wird es darum einen stetigen Wettstreit geben zwischen dem Kopf und dem Herz. Wer wird wohl die Oberhand gewinnen? Erst in der reiferen Persönlichkeit werden wohl beide Seiten sich die Hand zum Frieden reichen, denn es braucht beides, um glücklich durchs Leben zu

gehen: einen klaren, analytischen Verstand und eine fühlende, uns mit unserer Intuition verbindende Herzseite.

Zu dieser Kombination gehört die australische Schrift-
stellerin Germaine Greer, *29.1.1939, Lebenszahl (34/7).
Sie setzt sich, ganz Wassermann, für die Rechte und die
Freiheit der Frauen ein und ist damit eine der führenden
Persönlichkeiten der Frauenszene weltweit geworden.
Die mehrfach in ihrem Geburtsdatum erscheinende Zahl
9 gibt ihr die moralische Kraft, diese Vorreiterrolle schon
lange spielen zu können.

Wassermann und die Lebenszahl 8

Die Zahl 8 verstärkt, wie bei jedem anderen Sternzeichen auch, die Wirkkraft des Wassermanns. Wie immer
gilt dies für die lichtvollen wie die weniger lichtvollen Seiten dieses Zeichens. Im Licht werden die Objektivität und
der Wissensdurst verstärkt, im Schatten der Eigensinn und
die Gefühlskälte. Es liegt nun an der Reife dieser Kombination, wie sie diese Anlage in die Welt bringen möchte.
Der sich seiner Fähigkeiten wie auch seiner Schwächen
bewusst gewordene Charakter wird auf alle Fälle durch
seine Strahlkraft und sein besonderes Charisma auffallen.

Darum liegt es nahe, unter dieser Kombination vermehrt bekannte Schauspieler anzutreffen. Der Leinwand-
star Paul Newman, *26.1.1925, Lebenszahl (26/8), soll
hier als Beispiel dienen. Er war viele Jahrzehnte einer
der führenden Darsteller seiner Generation und erhielt
viele Auszeichnungen, darunter mehrfach sowohl den
Oscar wie den Golden Globe.

Zu finden ist hier aber auch der erste Bundespräsident unseres Landes, Theodor Heuss, *31.1.1884, Lebenszahl (26/8). Seine große Nähe zum Volk war legendär, darum wurde er gern liebevoll »Papa Heuss« genannt. Durch seine hohe Bildung und sein weltmännisches Auftreten bei Staatsbesuchen gelang es ihm, die Sichtweise des Auslandes auf die Deutschen nach dem Zweiten Weltkrieg nachhaltig zu verbessern.

Wassermann und die Lebenszahl 9

Die Zahl 9 möchte den Wassermann zum Besten vervollkommnen, was ihm möglich ist. Sie lässt den ohnehin schon klugen Wassermann Lebenserfahrung sammeln und weise werden. Die hohen Wertmaßstäbe der Zahl 9 lassen ihn zum Vordenker und Weltveränderer werden. Eine Gefahr ist allenfalls darin zu sehen, dass der Wassermann versuchen könnte, die hohen geistigen Ideale der Zahl 9 nur geistig aufzunehmen und zu interpretieren, ohne sie dann auch praktisch umzusetzen. Darum ist hier durchaus manchmal Vorsicht geboten.

Zu diesem Typus zählt der große Astronom Nikolaus Kopernikus, *19.2.1473, Lebenszahl (27/9). Ihm verdanken wir eine neue Blickrichtung auf die planetare Welt und vor allem die Sichtweise, dass die Erde sich um die Sonne dreht und nicht umgekehrt.

Diese Kombination findet sich ebenfalls im preußischen König Friedrich II., der den Beinahmen »der Große« trug, geboren am 24.1.1712, Lebenszahl (18/9). Er setzte viele Reformen durch, die das Leben seiner Landsleute erträglicher machten, und war ein großer Gönner der schönen Künste. Man könnte ihn als Vorbild für einen guten König bezeichnen, der seine Macht zum Wohle des Staates einsetzt.

Sternzeichen Fisch
20.2. bis 20.3.

Positive Verhaltensweisen,
der Fisch in seiner bewussten, reifen Form:

intuitiv

mitfühlend

tolerant

kreativ

hilfsbereit

anpassungsfähig

idealistisch

Negative Verhaltensweisen,
der Fisch in seiner unbewussten, unerlösten Form:

übersensibel

Opferhaltung

naiv

disziplinlos

entscheidungsunfähig

ängstlich

verträumt

Das Sternzeichen Fisch liegt im Tierkreis gegenüber der Jungfrau. Da die Jungfrau das analytischste und verstandesorientierteste Zeichen ist, zeichnet sich der Fisch vor allem durch das Gegenteil aus, seine Intuition und sein großes Einfühlungsvermögen. Wenn die Jungfrau für den wachen Verstand steht, dann ist der Fisch auf dieser Welt, um »auf positive Weise den Verstand zu verlieren«. Denn viele Dinge dieser Welt sind nicht mit Ratio allein erklärbar und damit allein eine Sache unserer Gefühle und erlebten Erfahrungen.

Der Fisch hat eine Ader für die Wahrnehmung des Unbegrenzten und kann uns auf diese Weise eine Fülle von spirituellen Erfahrungen schenken. Er macht sich durchlässig für fremde Stimmungen und Energien und kann somit zum Medium werden, das feinste Schwingungen erspürt. In dieser Weise kann es ihm gelingen, eine Verbundenheit mit allem, das existiert, herzustellen und zu erleben. Damit ist er empfänglich für alles Unerklärliche, Unsichtbare und Transzendente, das in der Mystik seine reinste Ausdrucksform findet.

In dieser Offenheit für Energien und Stimmungen muss der Fisch jedoch Sorge tragen, sich im Strudel der Eindrücke und Gefühle nicht zu verlieren. Immer sollte er darauf achten, sich selbst zu spüren und eine gute Erdanbindung zu behalten, sonst können ihn die

aufgenommenen Schwingungen seiner Umwelt überfordern, und die Wahrnehmung seiner eigenen Gefühle
geht ihm verloren. Für ihn ist es darum wichtig, viel
Zeit mit sich allein zu verbringen, um sich wieder von
fremden Energien zu entladen und bei sich selbst anzukommen.

Der Fisch braucht darum vielleicht mehr als alle anderen Zeichen zunächst einen starken Kern seiner Persönlichkeit, der ihm dabei hilft, die eigene Identität immer bewahren zu können. Sonst wird es ihm zu leicht
passieren, mitgerissen zu werden in den von ihm absor-
bierten Außeneinflüssen, die ihn gänzlich überfluten
können, wenn er nicht vorsichtig genug an sie herantritt.
Ein Fisch ist mit der Gabe beschenkt, offen zu sein und
wahrnehmen zu können, was andere vielleicht nicht
spüren. Er gewinnt damit Zugang zu unbewussten Bil-
dern und Seelenschichten, wie auch zu Gefühlen anderer Menschen, die er erspüren kann.

Eine Gefahr für den Fisch besteht nun besonders darin, seine Wahrnehmungsfähigkeit dazu einzusetzen,
sich zu sehr und zu oft an seine Umwelt anzupassen.
Schon als Kind versucht der kleine Fisch gern, sich an
den Erwartungen der Eltern auszurichten und ihnen zu
entsprechen. Später, in festen Partnerschaften, spürt er
die Wünsche des anderen genau und verhält sich dann
so, wie der andere ihn gerne hätte. Es versteht sich von
allein, dass diese Taktik nicht lange von Erfolg gekrönt
sein kann, da der Fisch sich selbst dabei verliert und in
all dem Wirrwarr seiner aufgesetzten Masken dann auch
nicht mehr spürt, wer er wirklich ist. In seiner Frustration

flüchtet er sich in Träume und Phantasien – kein Zeichen ist mehr gefährdet, sich Süchten aller Art hinzugeben, um vor den Härten der Welt zu flüchten. Eine Lösung für den Fisch kann jedoch seine Feinfühligkeit sein, wenn es ihm gelingt, sie in die kreativen Ausdrucksformen der Kunst zu gießen. Seine vielseitige Phantasie und sein Einfallsreichtum benötigen ein Ventil, so dass er sie ausleben und ausdrücken kann.

Wie geht der Fisch mit Problemen und Hindernissen in seinem Leben um? Gern zieht sich der Fisch in seine eigene Welt der Phantasien zurück. Ein Problem nimmt er darum nur so am Rande wahr und oft gar nicht wirklich ernst. Viel lieber döst und handelt er weiter so vor sich hin und bemerkt dann irgendwann: Sein Problem hat sich mit einem Mal aufgelöst. Wie ihm das gelungen ist, weiß er selbst nicht mehr so recht. Egal, umso besser, dann kann er sich ja nun weiter seinen vielfältigen Tagträumen hingeben.

Nun kommen wir zu den Kombinationen, die das Sternzeichen Fisch mit den einzelnen Lebenszahlen eingehen kann. Da der Fisch sehr anpassungsfähig ist und gerne Rollen spielt, treffen wir bei den dazugehörigen Charakteren oft auf Schauspieler oder Künstler, wie Heinz Rühmann, Heinz Erhardt oder Elizabeth Taylor. Auch der große Michelangelo nährte seine Kreativität aus der Intuition des Fisches, genauso der geniale Physiker Albert Einstein.

Fisch und die Lebenszahl 1

Durch die Zahl 1 erfährt der eher scheue und zurückhaltende Fisch einen gehörigen Schub nach vorne. Die Zahl 1 drängt wie bei jedem Sternzeichen nach vorne an die Spitze, im Zusammenspiel mit dem Fisch jedoch mehr auf subtile, versteckte Art. Der Fisch gibt der Zahl 1 mit Hilfe seiner Intuition Hinweise, wo er sich auf einfachere Weise durchsetzen kann, ohne zu viel Energie beim »Kopf durch die Wand« zu verschwenden. Es ist bei dieser Kombination nicht so ganz einfach, diese beiden doch recht unterschiedlichen Einflüsse harmonisch zusammenzuführen. Wenn es jedoch gelingt, sind unter diesem Typ besondere Arten von Führungspersönlichkeiten zu finden.

Zum Ersten ist hier Steve Jobs zu nennen, *24.2.1955, Lebenszahl (28/10), der den Apple-Konzern mitbegründet hat. Er war einer der kreativsten Köpfe in der Computerszene und entwickelte beispielsweise das iPhone. Die doppelte Zahl 5 in seinem Geburtsdatum gibt ihm eine große Portion Selbstbewusstsein.

Der Kaufmann und Bankier Jakob Fugger, *6.3.1459, Lebenszahl (28/10), gehört ebenfalls zu dieser Kombination. Auf seine Ideen und Tätigkeiten gründet sich das Firmenimperium des Handelshauses Fugger, sie machten ihn zur damaligen Zeit zum reichsten Mann der Welt. Bekannt wurde er außerdem durch seine Wohltätigkeit, in Augsburg ist die sogenannte Fuggerei, eine von ihm gestiftete Wohnsiedlung für Handwerker, noch heute zu besichtigen.

Zu dieser Kombination gehört auch der italienische Komponist und Musiker Antonio Vivaldi, *4.3.1678, Lebenszahl (29/11), der vor allem für sein Werk »Die 4 Jahreszeiten« bekannt geworden ist.

Fisch und die Lebenszahl 2

Der Fisch erhält durch die Zahl 2 noch mehr Gemeinschaftssinn, als er durch sein Mitgefühl und sein Einfühlungsvermögen sowieso schon hat, und fühlt sich mit Hilfe seiner Intuition noch besser in Gruppen und Gemeinschaften ein. Die Zahl 2 wird in ihrem Streben nach Harmonie vom Fisch noch mehr unterstützt. Beide sind in der Lage, sich extrem an andere anzupassen und ihre eigenen Bedürfnisse hintanzustellen.

Darum ist hier darauf zu achten, dass der sowieso schon opferbereite Fisch sich in Kombination mit der Zahl 2 nicht allzu sehr für einen Menschen oder eine Gemeinschaft aufgibt. Dann ist es diesem Typ möglich, in besonderer Weise harmonisch auf eine Familie oder Gemeinschaft einzuwirken. Dabei möchte er ein Teil der Gruppe sein und ihr dienen, es liegt ihm fern, an deren Spitze zu treten.

Ein Beispiel für diese Kombination ist der Dichter Friedrich Hölderlin, *20.3.1770, Lebenszahl (20/2), der mit seiner einfühlsamen Lyrik große Berühmtheit erlangte. Seine kreative Schaffenskraft ist auf den intuitiven Einfluss des Fisches zurückzuführen.

Fisch und die Lebenszahl 3

Die Zahl 3 möchte lernen, sich in ihren Gefühlen ausdrücken, was der Fisch durch seine Empathie und sein Feingefühl unterstützen kann. Auf der anderen Seite ist der Fisch wiederum zu schüchtern, um seine Gefühle zu zeigen, und braucht dazu besonders tatkräftige Unterstützung. Wenn es diesem Typ aber gelingt, die eigene Hemmschwelle zu überwinden und seine Gefühle zu zeigen, dann wird sein Umfeld besonders beglückt davon sein. Es liegt nahe, bei dieser Kombination, wenn der Eigner bewusst und reif geworden ist, Charaktere vorzufinden, die gern auf einer Bühne stehen und dort ihre Emotionen zum Ausdruck bringen.

Die Sängerin Rihanna, *20.2.1988, Lebenszahl (30/3), findet sich unter diesem Typus. Sie gehört zu den kommerziell erfolgreichsten Interpreten der Popmusik und wurde mit zahlreichen Auszeichnungen geehrt, darunter mehrfach mit dem Grammy. Auffällig ist, dass bei ihr die Zahl 8 mehrfach im Geburtsdatum vorkommt, wie beispielsweise auch bei ihrer Kollegin Adele – und bei dem nächsten Vertreter dieser Kombination.

Es handelt sich hierbei um das Model Lena Gercke, *29.2.1988, Lebenszahl (39/12/3). Sie begann ihre Karriere als Gewinnerin der Castingshow »Germanys Next Topmodel« und ist heute vielbeschäftigt als Moderatorin im Fernsehen.

Fisch und die Lebenszahl 4

Wie bei kaum einem anderen der 108 Typen ergänzen sich hier Sternzeichen und Zahl in ihren Schwachpunkten und wiegen sie auf. Die Zahl 4 möchte in diesem Leben noch einiges leisten und hilft damit dem etwas verschlafenen Fisch oft sehr auf die Sprünge. Die Disziplinlosigkeit des Fisches wird durch die Strebsamkeit der Zahl 4 ausgeglichen, dafür macht der hilfsbereite und mitfühlende Fisch die gern einmal hart zu sich und anderen agierende Zahl 4 etwas weicher und umgänglicher.

Zusammengenommen ist ein Charakter mit dieser Kombination mit vielen guten Eigenschaften gesegnet, die ihn erfolgsorientiert und leistungsbereit machen, aber ebenso anpassungsfähig wie auch tolerant. Wie häufig beim Fisch, der sowieso schon gern Rollen spielt, treffen wir hier oft auf Menschen, die auf einer Bühne stehen.

Zum Beispiel ist dies der große deutsche Schauspieler Heinz Rühmann, *7.3.1902, Lebenszahl (22/4), einer der bekanntesten Filmstars der Kriegs- wie Nachkriegszeit. Er war für seine einfühlsamen Rollen bekannt, außerdem aber als disziplinierter und harter Arbeiter. Er erhielt zahlreiche Auszeichnungen.

Fisch und die Lebenszahl 5

Die Zahl 5 soll lernen, Disziplin zu entwickeln, um innerlich frei zu werden – doch gerade mit der Strenge und der Disziplin hat der verträumte Fisch es eher weniger. So ist hier die Gefahr gegeben, dass die Zahl 5 in

Kombination mit dem Fisch ihren Freiheitsdrang auslebt, zahlreichen Ablenkungen frönt und darum niemals zu ihrem inneren Kern vordringen kann. Der reife Charakter dieses Typus versteht es schließlich trotzdem, diszipliniert an seiner inneren Bewusstheit zu arbeiten, wobei ihn die Intuition und das Feingefühl des Fisches gut unterstützen können.

Dann ergänzen sich die Leichtigkeit und der Humor der Zahl 5 mit der Kreativität und dem Rollenspiel des Fisches, zu finden bei einem der bekanntesten Humoristen der Nachkriegszeit:

Heinz Erhardt, 20.2.1909, Lebenszahl (23/5), war vor allem für seine kreativen Wortspiele bekannt, die er als Unterhaltungskünstler auf Bühnen und in zahlreichen Filmen zum Besten gab. Seine Filmrollen interpretierte er häufig als komischen, aber auch leicht verdrehten Charakter, was sehr seinem Sternzeichen Fisch entspricht.

Fisch und die Lebenszahl 6

Die Struktur und der Ordnungssinn der Zahl 6 schenken der meist etwas wilden und ungebremsten Kreativität des Fisches den notwendigen Rahmen. Einfälle und Geistesblitze werden gesammelt, geordnet und verwertet, was diesen Charakter zur Quelle für eine Unmenge neuer Ideen werden lässt. Der Fisch, der außerdem im Schatten dazu neigt, etwas disziplinlos und entscheidungsunfähig zu sein, bekommt durch die Zahl 6 einen wachen Verstand, der hilft, die Intuition des Fisches zu lenken und gezielter einzusetzen. Das Einfühlungsvermögen des Fisches schenkt diesem Typ die Fähigkeit, eine Sache tief in sich aufzunehmen, geradezu zu fühlen, und das Ergebnis nachfolgend dann zu ordnen und zu Papier zu bringen.

Zu finden ist daher unter dieser Kombination der Physiker Albert Einstein, *14.3.1879, Lebenszahl (33/6), das vielleicht größte Genie der Neuzeit. Ihm verdanken wir die Relativitätstheorie und damit einen neuen Meilenstein in der Physik. Für seine Arbeiten wurde er mit dem Nobelpreis ausgezeichnet.

Außerdem finden wir hier den Schriftsteller Karl May, *25.2.1842, Lebenszahl (24/6), einer der bei uns meistgelesensten Autoren. Seinem Einfallsreichtum verdanken wir Winnetou und Old Shatterhand, er vermochte vor allem durch seine detailgetreuen Schilderungen zu fesseln.

Fisch und die Lebenszahl 7

Die Diplomatie und die Intuition der Zahl 7 unterstützen alle Eigenschaften des Fisches, sowohl die guten wie die weniger guten. Diesen Typus zeichnen darum ein besonders großer Einfallsreichtum, ein starkes Einfühlungsvermögen wie auch Hilfsbereitschaft aus. Auf der anderen Seite neigt dieser Typ dazu, übersensibel und zu zart besaitet zu sein, ängstlich und oftmals verträumt sowie weltfremd. Darum ist es bei dieser Kombination besonders wichtig, sich der Fähigkeiten und Probleme dieser Anlage bewusst zu werden und sie auf reife Art zu leben. Dann finden wir hier Charaktere, die durch ihre Intuition und ihre Empathie die Welt verschönern können.

Zu dieser Kombination gehört zum Beispiel Erich Kästner, 23.2.1899, Lebenszahl (34/7), der sich als Dichter und Schriftsteller einen Namen machte. Viele seiner Erzählungen wurden verfilmt. Kästner vermochte es, sich seinen kindlichen Anteil zu bewahren, und verfasste einige der bekanntesten Kinderromane, darunter »Emil und die Detektive« oder »Das doppelte Lottchen«.

Fisch und die Lebenszahl 8

Die Zahl 8 verleiht selbst dem zurückhaltenden Fisch eine starke Ausstrahlung, was ihn aus einer Menge von Menschen herausstechen lässt. Der schüchterne Fisch hingegen vermag die machtvolle und kraftvolle Art der Zahl 8 abzuschwächen und sympathisch zu machen. Eine ganz besondere Gefahr liegt bei dieser Kombination darin, dass der Fisch wie auch die Zahl 8 in jungen Lebensjahren noch nicht gelernt haben, an sich zu glauben. Dann stellt dieser Typ sein Licht eher unter den Scheffel, aber nur so lange, bis reifere Charaktere dieser Kombination genug Lebenserfahrung gesammelt haben, um sich ihrer Fähigkeiten und ihrer Schaffenskraft wirklich bewusst zu werden.

Da der Fisch sich gern anpasst und in der Lage ist, Rollen zu spielen, und die Zahl 8 immer über ein starkes Charisma verfügt, ist es nur natürlich, dass sich unter dieser Kombination häufig Schauspieler finden, zum Beispiel Elizabeth Taylor, *27.2.1932, Lebenszahl (26/8).

Durch ihre Ausstrahlung wurde sie bereits als Kind bekannt und später eine der berühmtesten Filmdiven Hollywoods. Sie bekam zahlreiche Auszeichnungen, darunter zweimal den Oscar.

Aber unter dieser Kombination entdecken wir auch Michelangelo, * 6.3.1475, Lebenszahl (26/8). Er ist durch seine Schaffenskraft zu einem der berühmtesten Künstler der Renaissance geworden. Vor allem seine Deckenbemalung in der Sixtinischen Kapelle in Rom ist als wegweisend zu bezeichnen. Er wurde damit zum Lehrmeister für viele weitere Kunstschaffende folgender Generationen.

Fisch und die Lebenszahl 9

Die Zahl 9 möchte, dass der Fisch die ihm zur Verfügung stehenden Möglichkeiten voll ausschöpft und somit durch sein Verhalten zum Vorbild für andere wird. Der Fisch unterstützt das nach Idealen strebende Wirken der Zahl 9 und richtet seine Fähigkeiten nach hohen ethischen und moralischen Wertmaßstäben aus. Im optimalen Fall entwickelt sich der Fisch unter dem Einfluss der Zahl 9 zu einer kreativen, mitfühlenden Persönlichkeit, die intuitiv die vorhandenen Strömungen aufnimmt und mit ihrer Hilfe handelt, ohne von ihrem Denken zu sehr kontrolliert zu werden.

Zu diesem Typus gehört ein weiterer Held meiner Jugend, der holländische Künstler und Sänger Herman van Veen, *14.3.1945, Lebenszahl (27/9). In Deutschland wurde er vor allem in den 80er Jahren durch sein Lied

»Ich hab ein zärtliches Gefühl« bekannt, was sehr der emotionalen Seite des Fisches entspricht und einer kleinen Revolution gleichkam: Auch Männer dürfen ihre Gefühle zeigen! Er dient seinen ethischen Grundsätzen, indem er seit Jahren ehrenamtlich für Unicef arbeitet und auch für andere Organisationen, die sich für die Rechte von Kindern einsetzen.

NACHWORT

Mit diesem Buch geht ein Wunsch in Erfüllung, den ich schon seit vielen Jahren im Herzen trage. Mir persönlich hat das spielerische Erforschen der Zahlen und Sterne sehr viel dabei geholfen, mein eigenes Verhalten wie auch das Verhalten von Freunden und Kollegen besser zu verstehen. Dieses Wissen möchte ich auf diesem Wege weitergeben und wünsche mir sehr, dass in Zukunft viele Menschen von diesem System profitieren können. Jeder von uns hat doch einen schwierigen Chef, merkwürdige Kollegen oder eine Schwiegermutter, mit denen der Umgang manchmal kompliziert und herausfordernd sein kann. Mit Hilfe der 108 Typen kann es auf einfache Weise gelingen, das Verhalten dieser Menschen besser zu verstehen und leichter mit ihnen umgehen zu können. Bei mir war es so, dass sich viele Probleme im zwischenmenschlichen Bereich mit Hilfe des Systems der Zahlen und Sterne einfach in Luft aufgelöst haben. Energie, die bis dahin in Reibung mit und Ablehnung zu anderen geflossen ist, wurde danach frei und stand mir dann für sinnvollere Dinge zur Verfügung.

Um die 108 Typen besser zu verstehen, ist ein wenig eigene Recherche im Bekanntenkreis von großem Nutzen. Ich habe mich bemüht, jeden Charakter so kurz wie möglich und doch so ausführlich wie nötig zu beschreiben. Innerhalb der Spannweite von Licht und Schatten kann jedes Sternzeichen wie jede Lebenszahl ihre Anlagen auf ganz eigene Weise mit Leben füllen, je nach Bewusstheit. Allgemein werden eher jüngere Menschen noch mehr mit ihren Persönlichkeitszügen herumexperimentieren, während es älteren Menschen gelingt, ihren Charakter zur Reife zu bringen und ihre Potenziale eher zu leben. Wo ein einzelner Mensch deines Umfeldes beim Ausleben seines Typs gerade unterwegs ist, zeigt dir dein Fingerspitzengefühl und die eigene gelebte Erfahrung.

Auf jeden Fall soll dir dieses System der Zahlen und Sterne dabei helfen, andere Menschen so anzunehmen, wie sie sind. In dem Sinne, wie Kurt Tucholsky es meinte: »Nimm die Menschen, wie sie sind, es gibt keine anderen.« So sehr es dir mit Hilfe der 108 Typen auch gelingen wird, den anderen zu verstehen, so steht hinter diesem Versuch doch immer nur das Gefühl von Akzeptanz und Annahme, das nur eine Umschreibung dafür ist, warum wir auf dieser Welt sind, und um das sich unsere Welt dreht: die Liebe. Wenn ich mich mit dem anderen Menschen beschäftige und ihn immer besser verstehe, dann nehme ich ihn schließlich in mein Herz und nehme ihn an. Ich könnte auch sagen, ich liebe ihn dann so, wie er nun mal ist.

Darum ist dies, hinter allem analytischen Denken und Verstehen, der tiefere Zweck von diesem System. Es soll dazu dienen, mehr Akzeptanz und Liebe in unsere Beziehungen zu bringen – und damit auch in diese Welt.

In Verbundenheit

Manfred Mohr

Was ist Liebe?

»Was ist die Liebe?«, fragt das Herz.
Was ist der Sinn hernieden?
Das größte Glück, der größte Schmerz
sind gar nicht so verschieden.

Denn Liebe ist der Kern der Welt,
und bei dem, was wir erleben,
und mit dem Licht, das uns erhellt,
muss es auch Schatten geben.

Die Liebe schwingt in allem rund,
im Guten wie im Bösen,
macht unsre Seele so gesund,
will uns ins Licht erlösen.

Denn hinter Masken, Schattenspiel
schwingt immer nur das Eine,
ich sehe mich im andren viel,
viel besser als alleine.

So wird die Liebe mir zum Ziel
und Weg der innren Führung,
der andere schenkt mir ein Ventil
in ständiger Berührung.

Bis ich in seinen Spiegel blick
und wir uns still umarmen,
der Fügung liebendes Geschick
schenkt uns nun Herzerbarmen.

Die Liebe zeigt mir mich im Du
und löst den Schatten auf,
die Seele lächelt mild dazu
und bringt den Kern herauf.

Die Seele, die nur Liebe ist,
will sich hier stets erfahren
und zeigt dir, was du auch noch bist
im Lauf von Lebensjahren.

Bis du nur noch voll Liebe blickst,
niemand ist mehr verschieden,
»das bin ich auch«, bejahend nickst
und endlich bist in Frieden.

Manfred Mohr (2018)

REGISTER DER AUFGEFÜHRTEN PERSÖNLICHKEITEN

A

Adele, *5.5.1988, Stier mit Lebenszahl (36/9)

Konrad Adenauer, *5.1.1876, Steinbock mit Lebenszahl (28/10)

Kurt Alder, *10.7.1902, Krebs mit Lebenszahl (20/2)

Franz-Josef Antwerpes, *27.11.1934, Schütze mit Lebenszahl (28/10)

Louis Armstrong, *4.8.1901, Löwe mit Lebenszahl (23/5)

B

Johann Sebastian Bach, *31.3.1685, Widder mit Lebenszahl (27/9)

Ludwig von Beethoven, *16.12.1770, Schütze mit Lebenszahl (25/7)

Carl Benz, *25.11.1844, Schütze mit Lebenszahl (26/8)

Vera F. Birkenbihl, *26.4.1946, Stier mit Lebenszahl (32/5)

Heinrich Böll, *21.12.1917, Schütze mit Lebenszahl (24/6)

Dieter Bohlen, *7.2.1954, Wassermann mit Lebenszahl (28/10)

Wolfgang Borchert, *20.5.1921, Zwilling mit Lebenszahl (20/2)

Robert Bosch, *23.9.1861, Waage mit Lebenszahl (30/3)

David Bowie, *8.1.1947, Steinbock mit Lebenszahl (30/3)

Willy **Brandt**, *18.11.1913, Schütze mit Lebenszahl (26/8)

Wernher von **Braun**, *23.3.1912, Widder mit Lebenszahl (21/3)

Sandra **Bullock**, *26.7.1964, Löwe mit Lebenszahl (35/8)

C

Maria **Callas**, *2.12.1923, Schütze mit Lebenszahl (20/2)

Naomi **Campbell**, *22.5.1970, Zwilling mit Lebenszahl (26/8)

Albert **Camus**, 7.11.1913, Skorpion mit Lebenszahl (23/5)

Rudi **Carrell**, *19.12.1934, Schütze mit Lebenszahl (30/3)

Winston **Churchill**, *30.11.1874, Schütze mit Lebenszahl (25/7)

Phil **Collins**, *30.1.1951, Wassermann mit Lebenszahl (20/2)

James **Cook**, 7.11.1728, Skorpion mit Lebenszahl (27/9)

Pierre de **Coubertin**, *1.1.1863, Steinbock mit Lebenszahl (20/2)

D

Dalai **Lama**, *6.7.1935, Krebs mit Lebenszahl (31/4)

Charles **Darwin**, *12.2.1809, Wassermann mit Lebenszahl (23/5)

Marlene **Dietrich**, *27.12.1901, Steinbock mit Lebenszahl (23/5)

Walt **Disney**, *5.12.1901, Schütze mit Lebenszahl (19/10)

Hoimar von **Ditfurth**, *15.10.1921, Waage mit Lebenszahl (20/2)

Alfred **Döblin**, *10.8.1878, Löwe mit Lebenszahl (33/6)

Marion Gräfin **Dönhoff**, *2.12.1909, Schütze mit Lebenszahl (24/6)

Konrad **Duden**, *3.1.1829, Steinbock mit Lebenszahl (24/6)

Wayne **Dyer**, *10.5.1940, Stier mit Lebenszahl (20/2)

E

Thomas Alva **Edison**, *11.2.1847, Wassermann mit Lebenszahl (24/6)

Albert **Einstein**, *14.3.1879, Fisch mit Lebenszahl (33/6)

Heinz **Erhardt**, 20.2.1909, Fisch mit Lebenszahl (23/5)

Ludwig **Erhard**, * 4.2.1897, Wassermann mit Lebenszahl (31/4)

F

Helene **Fischer**, *5.8.1984, Löwe mit Lebenszahl (35/8)

Joschka **Fischer**, *12.4.1948, Widder mit Lebenszahl (29/11)

Henry **Ford**, *30.7.1863, Löwe mit Lebenszahl (28/10)

Jodie **Foster**, *19.11.1962, Skorpion mit Lebenszahl (30/3)

Peter **Frankenfeld**, *31.5.1913, Zwilling mit Lebenszahl (23/5)

Aretha **Franklin**, *25.3.1942, Widder mit Lebenszahl (26/8)

Benjamin **Franklin**, *17.1.1706, Steinbock mit Lebenszahl (23/5)

Sigmund **Freud**, *6.5.1856, Stier mit Lebenszahl (31/4)

Friedrich II., *24.1.1712, Wassermann mit Lebenszahl (18/9)

Jakob **Fugger**, *6.3.1459, Fisch mit Lebenszahl (28/10)

G

Peter **Gabriel**, *13.2.1950, Wassermann mit Lebenszahl (21/3)

Galileo **Galilei**, * 15.2.1564, Wassermann mit Lebenszahl (24/6)

Mahatma **Gandhi**, *2.10.1869, Waage mit Lebenszahl (27/9)

Bill **Gates**, *28.10.1955, Skorpion mit Lebenszahl (31/4)

Hans-Dietrich **Genscher**, *21.3.1927, Zwilling mit Lebenszahl (25/7)

Lena **Gercke**, *29.2.1988, Fisch mit Lebenszahl (39/12/3)

Steffi **Graf**, *14.6.1969, Zwilling mit Lebenszahl (36/9)

Germaine **Greer**, *29.1.1939, Wassermann mit Lebenszahl (34/7)

Johann Wolfgang von **Goethe**, *28.8.1749, Jungfrau mit Lebenszahl (39/12/3)

Thomas **Gottschalk**, *18.5.1950, Stier mit Lebenszahl (29/11)

H

Stephen **Hawking**, *8.1.1942, Steinbock mit Lebenszahl (25/7)

Louise **Hay**, *8.10.1926, Waage mit Lebenszahl (27/9)

Heinrich **Heine**, *13.12.1797, Schütze mit Lebenszahl (31/4)

Ernest **Hemingway**, *21.7.1899, Krebs mit Lebenszahl (37/10)

Werner **Heisenberg**, *5.12.1901, Schütze mit Lebenszahl (19/10)

Jimi **Hendrix**, 27.11.1942, Schütze mit Lebenszahl (27/9)

Audrey **Hepburn**, *4.5.1929, Stier mit Lebenszahl (30/3)

Hermann **Hesse**, 2.7.1877, Krebs mit Lebenszahl (32/5)

Theodor **Heuss**, *31.1.1884, Wassermann mit Lebenszahl (26/8)

Bärbel **Höhn**, *4.5.1952, Stier mit Lebenszahl (26/8)

Friedrich **Hölderlin**, *20.3.1770, Fisch mit Lebenszahl (20/2)

Alexander von **Humboldt**, *14.9.1769, Jungfrau mit Lebenszahl (37/10)

J

Michael **Jackson**, *29.8.1958, Jungfrau mit Lebenszahl (42/6)

Günther **Jauch**, *13.7.1956, Krebs mit Lebenszahl (32/5)

Sir Elton **John**, *25.3.1947, Widder mit Lebenszahl (31/4)

Steve **Jobs**, *24.2.1955, Fisch mit Lebenszahl (28/10)

Curd **Jürgens**, *13.12.1915, Schütze mit Lebenszahl (23/5)

Carl Gustav **Jung**, *26.7.1875, Löwe mit Lebenszahl (36/9)

K

Erich **Kästner**, 23.2.1899, Fisch mit Lebenszahl (34/7)

Franz **Kafka**, *3.7.1883, Krebs mit Lebenszahl (30/3)

Johannes **Kepler**, *27.12.1571, Steinbock mit Lebenszahl (26/8)

Hape **Kerkeling**, *9.12.1964, Schütze mit Lebenszahl (32/5)

Martin Luther **King**, 15.1.1929, Steinbock mit Lebenszahl (28/10)

Gustav **Klimt**, *14.7.1862, Krebs mit Lebenszahl (29/11)

Heidi **Klum**, *1.6.1973, Zwilling mit Lebenszahl (27/9)

Robert **Koch**, *11.12.1843, Schütze mit Lebenszahl (21/3)

Helmut **Kohl**, *3.4.1930, Widder mit Lebenszahl (20/2)

Oswalt **Kolle**, *2.10.1928, Waage mit Lebenszahl (23/5)

Nikolaus **Kopernikus**, *19.2.1473, Wassermann mit Lebenszahl (27/9)

L

Karl **Lagerfeld**, *10.9.1933, Jungfrau mit Lebenszahl (26/8)

John **Lennon**, *9.10.1940, Waage mit Lebenszahl (24/6)

Harald **Lesch**, *28.7.1960, Jungfrau mit Lebenszahl (33/6)

Abraham **Lincoln**, *12.2.1809, Wassermann mit Lebenszahl
(23/5)

Udo **Lindenberg**, *17.5.1946, Stier mit Lebenszahl (33/6)

Astrid **Lindgren**, *14.11.1907, Skorpion mit Lebenszahl (24/6)

Loriot, *12.11.1923, Skorpion mit Lebenszahl (20/2)

Martin **Luther**, *10.11.1483, Skorpion mit Lebenszahl (19/10)

M

Nelson **Mandela**, *18.7.1918, Krebs mit Lebenszahl (35/8)

Thomas **Mann**, *6.6.1875, Zwilling mit Lebenszahl (33/6)

Karl **Marx**, *5.5.1818, Lebenszahl Stier mit (28/10)

Walter **Matthau**, *1.10.1920, Waage mit Lebenszahl (14/5)

Lothar **Matthäus**, *21.3.1961, Widder mit Lebenszahl (23/5)

Karl **May**, *25.2.1842, Fisch mit Lebenszahl (24/6)

Yehudi **Menuhin**, *22.4.1916, Stier mit Lebenszahl (25/7)

Angela **Merkel**, *17.7.1954, Krebs mit Lebenszahl (34/7)

Reinhard **Mey**, *21.12.1942, Schütze mit Lebenszahl (22/4)

Lena **Meyer**-Landrut, *23.5.1991, Zwilling mit Lebenszahl (30/3)

Michelangelo, *6.3.1475, Fisch mit Lebenszahl (26/8)

Claude **Monet**, *14.11.1840, Skorpion mit Lebenszahl (20/2)

Marilyn **Monroe**, *1.6.1926, Zwilling mit Lebenszahl (25/7)

Wolfgang Amadeus **Mozart**, *27.1.1756, Wassermann mit Lebenszahl (28/11)

N

Xavier **Naidoo**, 2.10.1971, Jungfrau mit Lebenszahl (21/3)

Napoleon Bonaparte, *15.8.1769, Löwe mit Lebenszahl (37/10)

Nena, *24.3.1960, Widder mit Lebenszahl (25/7)

Günter **Netzer**, *14.9.1944, Jungfrau mit Lebenszahl (32/5)

Paul **Newman**, *26.1.1925, Wassermann mit Lebenszahl (26/8)

Sir Isaac **Newton**, *4.1.1643, Steinbock mit Lebenszahl (19/10)

Friedrich **Nietzsche**, *15.10.1844, Waage mit Lebenszahl (24/6)

O

Peter **O'Toole**, *2.8.1932, Löwe mit Lebenszahl (25/7)

Wolfgang **Overath**, *29.9.1943, Waage mit Lebenszahl (37/10)

P

Pablo **Picasso**, *25.10.1881, Skorpion mit Lebenszahl (26/8)

Wladimir **Putin**, *7.10.1952, Waage mit Lebenszahl (25/7)

Q

Anthony **Quinn**, *21.4.1915, Stier mit Lebenszahl (23/5)

R

Johannes **Rau**, *16.1.1931, Steinbock mit Lebenszahl (22/4)

Marcel **Reich-Ranicki**, *2.6.1920, Zwilling mit Lebenszahl (20/2)

Adam Riese, *17.1.1492, Steinbock mit Lebenszahl (25/7)

Rihanna, *20.2.1988, Fisch mit Lebenszahl (30/3)

Rainer Maria Rilke, *4.12.1875, Schütze mit Lebenszahl (28/10)

Julia Roberts, *28.10.1967, Skorpion mit Lebenszahl (34/7)

John D. Rockefeller, *8.7.1839, Krebs mit Lebenszahl (36/9)

Theodore Roosevelt, *27.10.1858, Skorpion mit Lebenszahl (32/5)

Heinz Rühmann, *7.3.1902, Fisch mit Lebenszahl (22/4)

S

Wolfgang Schäuble, *18.9.1942, Jungfrau mit Lebenszahl (34/7)

Claudia Schiffer, *25.8.1970, Jungfrau mit Lebenszahl (32/5)

Friedrich Schiller, *10.11.1759, Skorpion mit Lebenszahl (25/7)

Harald Schmidt, *18.8.1957, Löwe mit Lebenszahl (39/12/3)

Helmut Schmidt, *23.12.1918, Steinbock mit Lebenszahl (27/9)

Romy Schneider, *23.9.1938, Waage mit Lebenszahl (35/8)

Gerhard Schröder, *7.4.1944, Widder mit Lebenszahl (29/11)

Alfons Schuhbeck, *2.5.1949, Stier mit Lebenszahl (30/3)

Michael Schumacher, *31.1.1969, Steinbock mit Lebenszahl (29/11)

Arnold Schwarzenegger, *30.7.1947, Löwe mit Lebenszahl (31/4)

Til Schweiger, *13.12.1963, Schütze mit Lebenszahl (26/8)

Albert Schweitzer, *14.1.1875, Steinbock mit Lebenszahl (27/9)

Horst Seehofer, *4.7.1949, Krebs mit Lebenszahl (34/7)

Uwe Seeler, *5.11.1936, Skorpion mit Lebenszahl (26/8)

Diana Spencer (Lady Di), *1.7.1961, Krebs mit Lebenszahl (25/7)

Bruce Springsteen, *23.9.1949, Waage mit Lebenszahl (37/10)

Edmund Stoiber, *28.9.1941, Waage mit Lebenszahl (34/7)

Franz Josef Strauß, *6.9.1915, Jungfrau mit Lebenszahl (31/4)

T

Elizabeth Taylor, *27.2.1932, Fisch mit Lebenszahl (26/8)

Mutter Teresa, *26.8.1910, Jungfrau mit Lebenszahl (27/9)

Nikola Tesla, *10.7.1856, Krebs mit Lebenszahl (28/10)

Margaret Thatcher, 13.10.1925, Waage mit Lebenszahl (22/4)

John Travolta, *18.2.1954, Wassermann mit Lebenszahl (30/3)

Donald Trump, *14.6.1946, Zwilling mit Lebenszahl (31/4)

U

Sir Peter Ustinov, *16.4.1921, Widder mit Lebenszahl (24/6)

V

Karl Valentin, *4.6.1882, Zwilling mit Lebenszahl (29/11)

Herman van Veen, *14.3.1945, Fisch mit Lebenszahl (27/9)

Jules Verne, *8.2.1828, Wassermann mit Lebenszahl (29/11)

Leonardo da Vinci, *15.4.1452, Widder mit Lebenszahl (22/4)

Antonio Vivaldi, *4.3.1678, Fisch mit Lebenszahl (29/11)

W

Otto Waalkes, *22.7.1948, Krebs mit Lebenszahl (33/6)

Fritz Walter, *31.10.1920, Skorpion mit Lebenszahl (17/8)

Katharina Witt, *3.12.1965, Schütze mit Lebenszahl (27/9)

Z

Frank Zappa, *21.12.1940, Schütze mit Lebenszahl (20/2)

ANHANG

Verwendete Literatur:

Kapitel: Einleitung

Sternzeichen im Kasperle-Theater: Enzyklopädie der Astrologie. Ein Nachschlagewerk, Sonderausgabe

Kapitel 1: Wie dieses System der Zahlen und Sterne entstand

Einige Empfehlungen zu Astrologiebüchern:

Liz Greene, Sag mir dein Sternzeichen, und ich sage dir, wie du liebst, Frankfurt/Berlin 1990 (Ullstein)

Dietrich Volkmer, Mars im Spiegel, Bruchsal 1991 (Energetik Verlag)

Robert Hand, Das Buch der Transite, München 1999 (Hugendubel Verlag)

Silke Schäfer. Der Kuss ist weg, aber die Liebe bleibt, Norderstedt 2011 (Book on demand)

Wolfgang Döbereiner, Heyne Tierkreis-Bücher für alle Sternzeichen, München 1974 (Heyne Verlag)

Gary Goldschneider, Joost Elffers, Das Geburtags-Buch, Königswinter 2006 (Tandem Verlag)

Fritz Riemann, Lebenshilfe Astrologie, München 1996 (Pfeiffer Verlag)

Kapitel 2: Astrologie und Numerologie

Mikhaël Aïvanhov, Die Früchte des Lebensbaums, Rottweil 2000 (Prosveta Verlag)

Dan Milman, Die Lebenszahl als Lebensweg, München 1993 (Ansata Verlag)

Johanna Paungger, Thomas Poppe, Das Tiroler Zahlenrad, München 2008 (Graefe und Unzer)

Kapitel 5: Zur Verbindung des Sternzeichens mit deiner Lebenszahl

Was tun die Sternzeichen nach einem One-Night-Stand: www.spirittraveling.com.

Veröffentlichungen und Seminare von Manfred Mohr

Bücher von Manfred Mohr

Das Wunder der Dankbarkeit – Wie Wertschätzung das Leben verwandelt, München 2012 (Gräfe und Unzer)

Das kleine Buch vom Hoppen, Darmstadt 2013 (Schirner)

Das Wunder der Selbstliebe – ein Jahresbegleiter auf dem Weg zu deinem Herzen, Tischaufsteller, München 2013 (Gräfe und Unzer)

Ho'oponopono – Eine Herzenstechnik für Heilung und Vergebung, Burgrain 2013 (Koha)

Verzeih Dir! Die schönsten Meditationen, um Frieden mit sich selbst und anderen zu schließen, Hörbuch, Berlin 2014 (Ullstein)

Verzeih Dir! Inneren und äußeren Frieden finden mit Ho'oponopono, Berlin 2014 (Ullstein)

Mit dem Herzen segnen, Burgrain 2014 (Koha)

Bestellung nicht angekommen – Die größten Irrtümer beim Wünschen, München 2014 (Goldmann)

Die Wunderkraft des Segnens, München 2015 (Nymphenburger)

In 30 Tagen hoppen lernen, Bramberg 2015 (Lebensraum Verlag)

Danke für die Lieferung – Wie das Universum uns immer aufs Neue beschenkt, München 2015 (Goldmann)

Gebete ans Universum – Wie wir Hilfe für die wirklich wichtigen Dinge im Leben erhalten, München 2016 (Goldmann)

Der Bambus-Effekt – Durch gefühlvolle Akzeptanz über sich selbst hinauswachsen, München 2017 (Knaur)

Endlich zu Hause in mir – Das 7-Schritte Programm zur Selbstliebe, München 2018 (Knaur)

Bestellungen beim Universum heute – 20 Jahre Wunscherfüllung, Güllesheim 2018 (Silberschnur)

Wunschkalender 2019 (mit Pierre Franckh), Burgrain 2018 (Koha)

Bücher von Bärbel und Manfred Mohr

Fühle mit dem Herzen und du wirst deinem Leben begegnen, Burgrain 2007 (Koha)

Cosmic Ordering – Die neue Form der Realitätsgestaltung nach dem alten hawaiianischen Ho'oponopono, Burgrain 2009 (Koha)

Bestellungen aus dem Herzen – Wie die Liebe den Wünschen Kraft verleiht, Aachen 2010 (Omega)

Das Wunder der Selbstliebe – Der geheime Schlüssel zum Öffnen aller Türen, München 2011 (Gräfe und Unzer)

Ausbildung zum Coach für positive Realitätsgestaltung

In jedem Jahr bietet Manfred Mohr die Ausbildung zum »Coach für positive Realitätsgestaltung« an. Sie wendet sich an alle, die intensive Versöhnungsarbeit auf lockere und leichte Weise üben möchten. Übungen zum Bestellen beim Universum, zur Selbstliebe wie auch zum hawaiianischen Ho'oponopono sind wesentliche Bestandteile der Ausbildung. An vier Wochenenden werden vier Schwerpunktthemen behandelt:

1: Heilung von Beziehungen: Ho'oponopono – das hawaiianische Vergebungsritual

2: Meine Beziehung zu mir selbst (I): Das Wunder der Selbstliebe

3: Meine Beziehung zu mir selbst (II): Wieder fühlen lernen

4: Meine Beziehung zum Universum: Wochenendseminar Wunscherfüllung

Wer die Ausbildung in Form von zwei knapp einwöchigen Ferienseminaren absolvieren möchte, kann alternativ die beiden Seminarwochen »Selbstliebe und Wunscherfüllung« und »Selbstliebe – wieder fühlen lernen« im Haus *Lichtquell* in Todtmoos besuchen. Ho'oponopono ist Teil von beiden Wochen, die jeweils im Frühling und im Herbst stattfinden. www.lichtquell.de

Näheres dazu findet sich unter www.manfredmohr.de, Stichwort »Ausbildung«.

ÜBER DEN AUTOR

Dr. Manfred Mohr ist promovierter Chemiker. Nach vielen Jahren in beratender Tätigkeit für die Wirtschaft ist er heute erfolgreich als Autor und Seminarleiter für Persönlichkeitsentwicklung tätig. Mit »Das Wunder der Selbstliebe« aus dem Jahre 2011 wurde er auch einer größeren Öffentlichkeit bekannt. Inzwischen sind mehr als 300.000 Bücher von ihm verkauft. Manfred Mohr war mit der 2010 verstorbenen Bestsellerautorin Bärbel Mohr verheiratet und lebt mit ihren gemeinsamen Zwillingen in der Nähe von München. Er führt ihr geistiges Erbe weiter.

www.manfredmohr.de

Weiterführende Informationen zu
Büchern, Autoren und den Aktivitäten
des Silberschnur Verlages erhalten Sie unter:
www.silberschnur.de

Natürlich können Sie uns auch gerne den
Antwort-Coupon aus dem beiliegenden
Lesezeichenflyer zusenden.

Ihr Interesse wird belohnt!

192 Seiten, gebunden
ISBN 978-3-89845-605-0
€ [D] 12,95

Manfred Mohr

Bestellungen beim Universum heute
Neues Wünschen in einer neuen Zeit

Das Bestellen beim Universum hat sich von seinen Anfängen bis heute stark verändert. Dieses Buch zeigt die Änderungen, welche Neuerungen hinzukamen und wie man heute am besten bestellt.
Es hilft dir zu spüren, wie eng verflochten wir mit dem Universum sind und wie entscheidend unsere innere Haltung ist. Entdecke auch du die neue Form des Bestellens für dich!

160 Seiten, gebunden
ISBN 978-3-89845-516-9
€ [D] 12,95

Bärbel Mohr

Bestellungen beim Universum
Ein Handbuch zur Wunscherfüllung

Bärbel Mohr zeigt dir, wie du dir den Traumpartner, den Traumjob oder die Traumwohnung u.v.m. beim Universum »bestellen« kannst. Sie bringt dir bei, auf deine innere Stimme zu hören, und beweist, dass du wirklich alles bekommen kannst, was du dir wünschst! Ihre Rezepte zur Erfüllung der kleinsten und größten Wünsche helfen dir, dein Leben im Großen wie im Kleinen viel positiver zu gestalten, damit du die Wunschbestellung erfolgreich abschicken kannst und die georderte Lieferung auch in vollem Umfang erhältst.

192 Seiten, gebunden
ISBN 978-3-930243-24-2
€ [D] 10,95

Bärbel Mohr

Reklamationen beim Universum
Nachhilfe in Wunscherfüllung

Wie man sich die Erfüllung seiner Wünsche beim Universum wie bei einem Versandhaus bestellen kann, erklärt Bärbel Mohr in ihrem Buch *Bestellungen beim Universum*. Was aber ist, wenn die Lieferung auf sich warten lässt? Nicht neu bestellen, sondern reklamieren, rät die Autorin. Wo? Natürlich beim Universum!
Wie, das wird in dieser »Nachhilfe zur Wunscherfüllung« erklärt. Mit vielen Tipps, Tests und Antworten auf häufig gestellte Fragen.

160 Seiten, broschiert
ISBN 978-3-89845-453-7
€ [D] 6,95

Christine Lindemann

Astrologischer Gesundheitsratgeber

Die Astrologie ist seit der Antike eine der vier Säulen der Heilkunde – und auch heute hilft das Verständnis über die Zuordnung der menschlichen Organe und Körperregionen zu den 12 Tierkreiszeichen enorm bei der Heilung. Christine Lindemann liefert nicht nur Zugänge zum tieferen Verständnis eigener Krankheitssymptome. Sie zeigt darüber hinaus wirksame und oft verblüffende Wege, um Körper und Seele mithilfe der Astrologie zu stärken. Um dieses praktische Buch nutzen zu können, brauchen Sie keine astrologischen Vorkenntnisse.

152 Seiten, broschiert
ISBN 978-3-89845-266-3
€ [D] 6,95

Franziska Krattinger

Die 7 universellen Gesetze
Spielregeln für ein Leben in Vielfalt

Dieses Handbuch vermittelt durch praktische Übungen und gelebte Beispiele aus dem Alltag die entscheidenden Spielregeln für ein Leben in Fülle! Es zeigt, wie man seine Kraft am besten einsetzt, um seine Ziele stets zu erreichen. Die beschriebenen Gesetze gelten für alle – und wer sie beherrscht, ist somit Herr über seine Realität.

192 Seiten, broschiert
ISBN 978-3-89845-544-2
€ [D] 12,95

Bärbel Mohr

Der Skeptiker und der Guru
Auf dem Weg zur eigenen Wahrheit

Bärbel Mohr nimmt uns mit auf eine Reise nach Indien in einen Ashram. Dort begegnen wir einem Paar, wie es unterschiedlicher kaum sein kann. Er: Der Skeptiker, der den Guru vorverurteilt hat und diesen als Verführer der Seelen entlarven will. Sie: Die Esoterikerin, die den Guru anhimmelt und sich der spirituellen Erlösung nahe glaubt. Beide berichten in ihrem Tagebuch über das Leben im Ashram und die Begegnungen mit dem Guru – wobei alles dann doch ganz anders wird, als ursprünglich erwartet ...

176 Seiten, 2-fbg., broschiert
ISBN 978-3-89845-467-4
€ [D] 12,95

Franziska Krattinger

Woran Pechvögel hängen und worauf Glückspilze aufbauen
Alles beginnt klein und endet groß

Bestimmen Sie Ihr Leben mit der Kraft Ihrer Gedanken und Gefühle selbst! Franziska Krattinger zeigt die Lösungen dazu. Die Möglichkeiten zur Verbesserung unseres Lebensgefühls sind verblüffend einfach, wirkungsvoll und für jedermann leicht anzuwenden ...
Ein kleines Buch mit großer Wirkung, da es die Kraft des positiven Denkens in uns entfacht!

128 Seiten, 2-farbig,
Flexocover
ISBN 978-3-89845-584-8
€ [D] 12,95

Jessica Lütge

Alles, was du über dich wissen musst
222 Fragen zum Ausfüllen und Staunen

Was sind die wirklich wichtigen Fragen des Lebens? Die Fragen, die tiefer gehen, die zeigen, was uns ausmacht und wer wir tatsächlich sind?
Jessica Lütge hat 222 Fragen formuliert, deren Antworten erstaunliche Selbsterkenntnisse zutage fördern. Man lernt sich so von einer Seite kennen, die einem bisher verborgen blieb.
Entdecke dein neues Leben und sei neugierig, was in der nächsten Zeit alles passiert.

128 Seiten, 4-farbig,
wattiert, gebunden
ISBN 978-3-89845-499-5
€ [D] 12,95

Irene Lauretti

Mit der Kraft deiner Hände
Energieheilgriffe für schnelles Wohlbefinden

Stärken Sie schnell und effektiv Ihre Gesundheit, lindern Sie Beschwerden und füllen Sie Ihre Energiereserven auf. Durch sanftes Halten der Finger und Berühren bestimmter Energiepunkte am Körper erreichen Sie jeden Bereich Ihres Seins. Die Heilgriffe aus diesem Buch geben Ihnen genau das, was Ihr Körper und Ihre Seele gerade benötigen!
Erreichen Sie ab sofort einfach und schnell mehr Wohlbefinden, Gesundheit und Vitalität!

144 Karten mit Kurzanleitung,
inkl. Miniposter, in Box
EAN 4260075280-28-8
€ [D] 19,95

Franziska Krattinger

Die Kraft der 144 Schalt- und Machtworte

Es ist schwer, eingefahrene Wege zu verlassen und wirklich etwas in seinem Leben zu verändern.

Die 144 wirkungsvollen Karten mit Schalt- und Machtworten helfen dabei, denn sie erwecken die uns innerwohnende positive Macht zur selbstbestimmten Veränderung von Situationen und Vorhaben.

Schalten auch Sie einfach um – und beobachten Sie die positiven Veränderungen in Ihrem täglichen Leben. Sie haben WIRKLICH die Macht dazu!

76 Karten (10 x 15 cm) in Box
ISBN 978-3-89845-155-0
€ [D] 12,95

Carmen Schüle

Die Handlesekarten
Die Kunst der Liniendeutung

Lesen Sie in der Hand Ihres Gegenübers wie in einem Buch! – Selbst Einsteiger werden mit diesem Kartenset spielend leicht in die hohe Kunst des Handlesens eingeführt. Die Hand kann Veranlagungen und Begabungen preisgeben, und das Handlesen führt so zu tiefer Selbsterkenntnis und hilft auch, das Wesen anderer Menschen besser zu ergründen.

Ein ideales und leicht verständliches Einsteigerset.

224 Seiten, durchg. farbig,
broschiert
ISBN 978-3-89845-406-3
€ [D] 19,95

Seena B. Frost

SoulCollage® – Kreativbilder deiner Seele
Das neuartige Arbeitsbuch zur Selbstfindung

SoulCollage® ist die neue, kreative Art, sich selbst besser kennenzulernen. Mit einer Schere, Fotos oder ein paar Magazinen und Klebstoff schaffen Sie Bilder Ihrer Seelenlandschaften.

Die Seelencollagen geben uns die Möglichkeit, unserer intuitiven Weisheit zu lauschen, die durch die Bilder der Karten auftaucht. Und so entdecken wir unsere Seele mit ihren Schatten sowie ihren angeborenen Fähigkeiten.

5. 10 . 1953 = 24 = 6
27. 02 . 1951 = 27 = 9
09. 01 . 1985 = 33 = 6
20. 06 . 1961 = 25 = 7

Titaniumdioxid
CI 77891
E 171